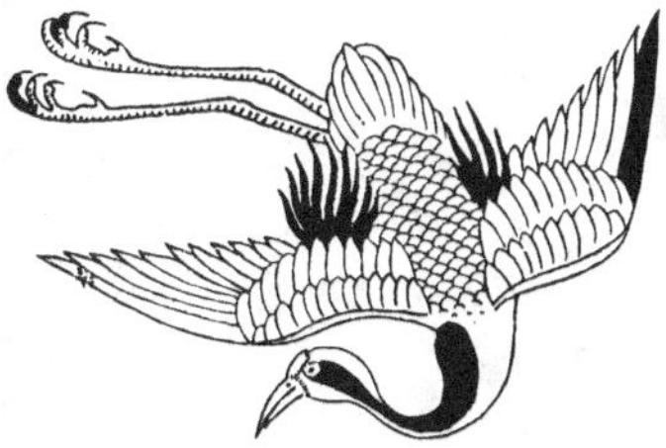
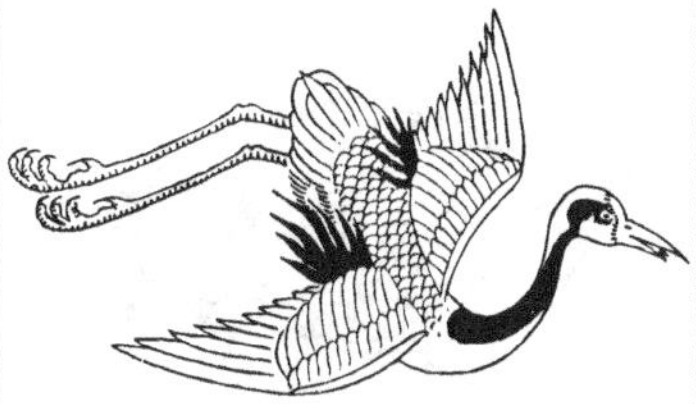
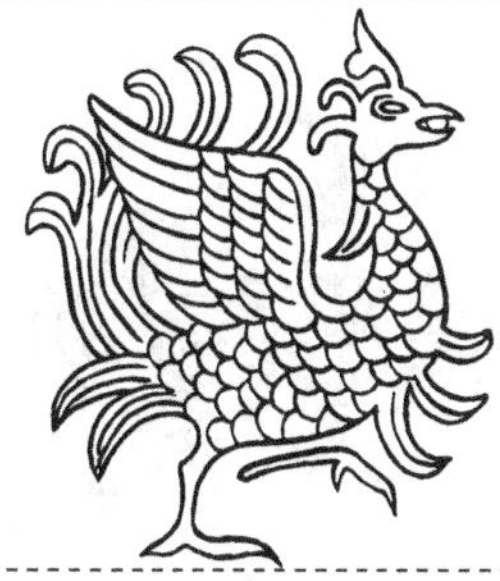
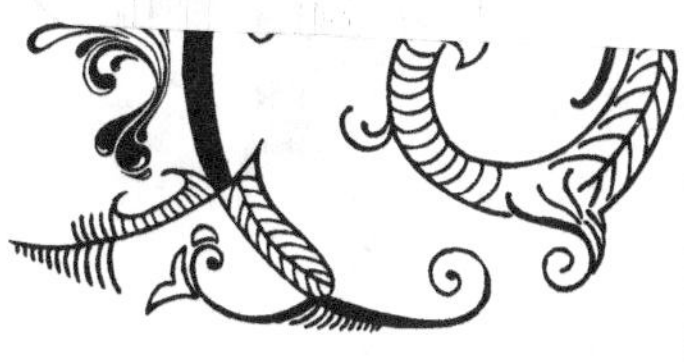
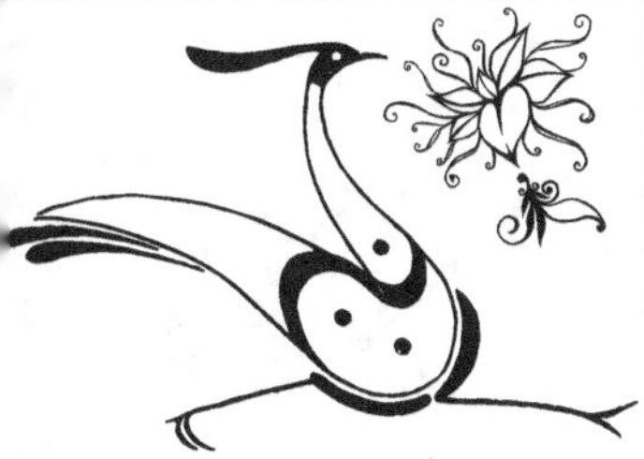

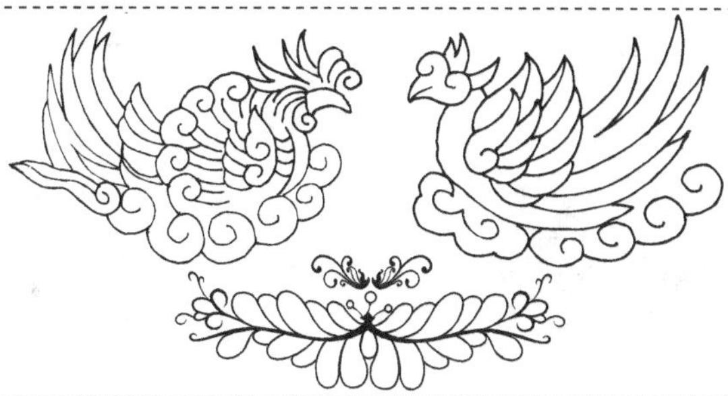
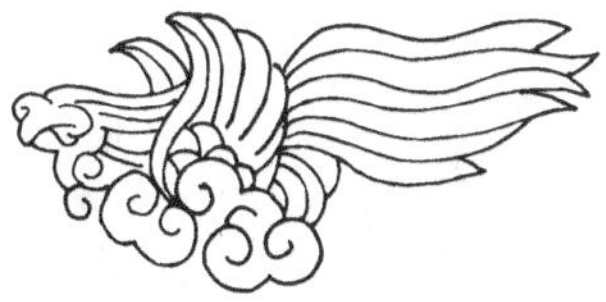

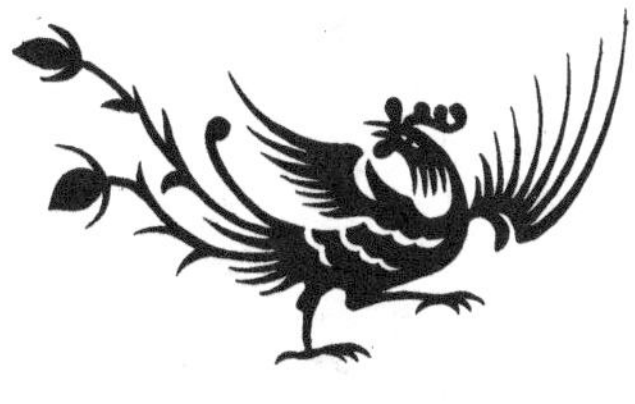
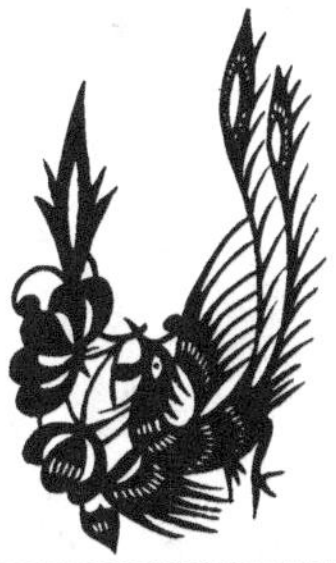
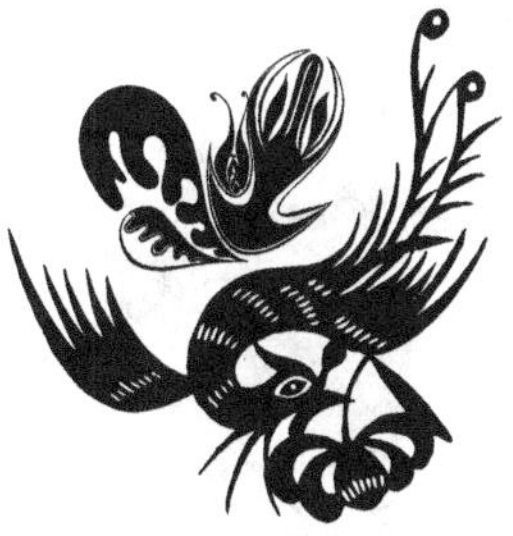
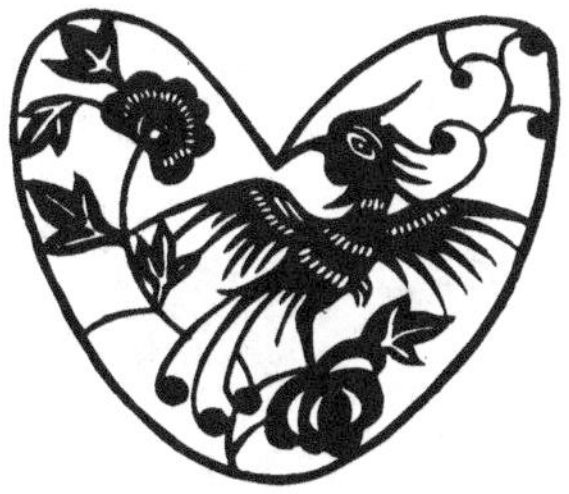
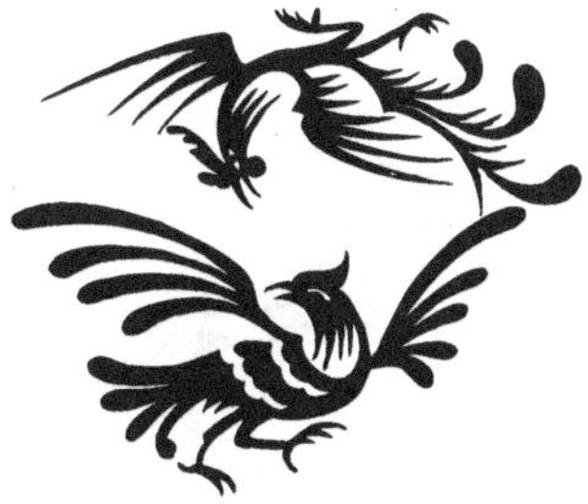

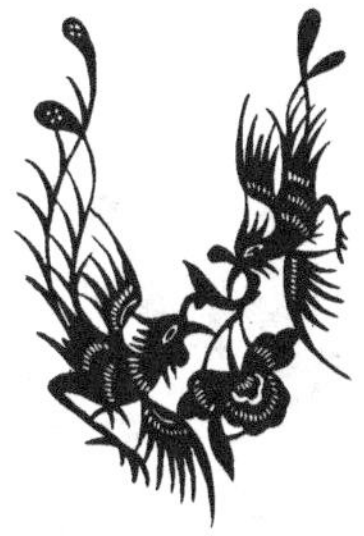
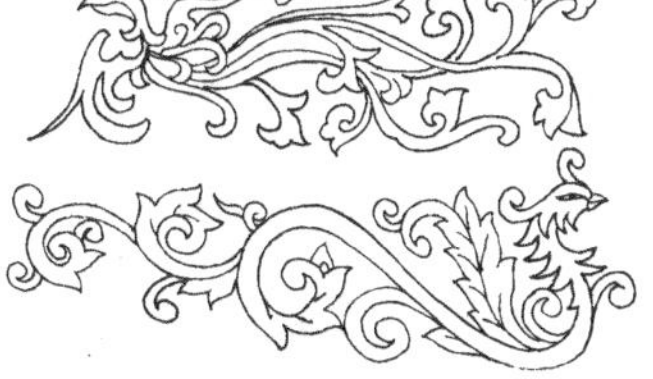
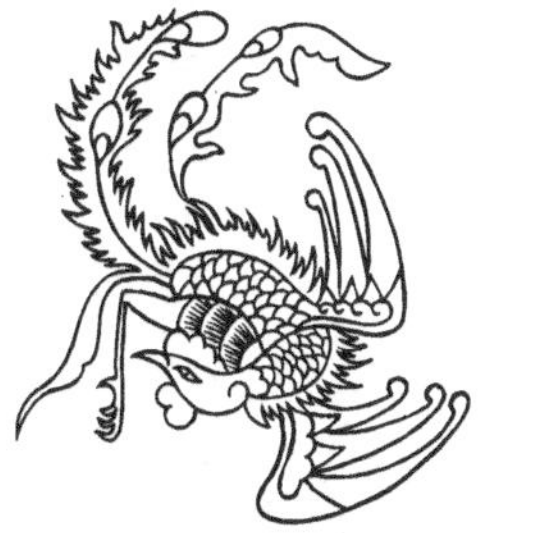
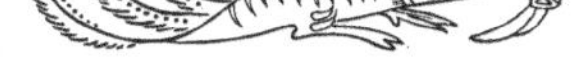
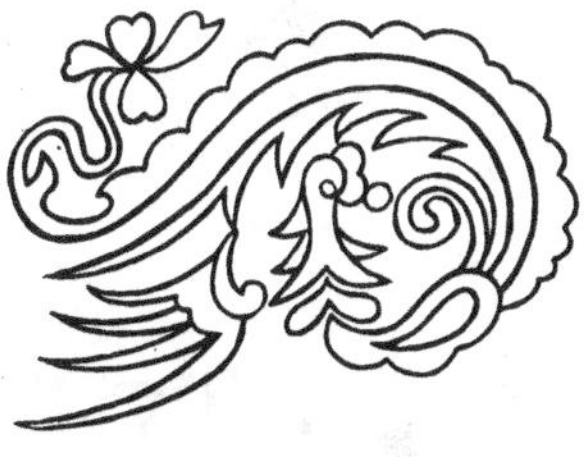
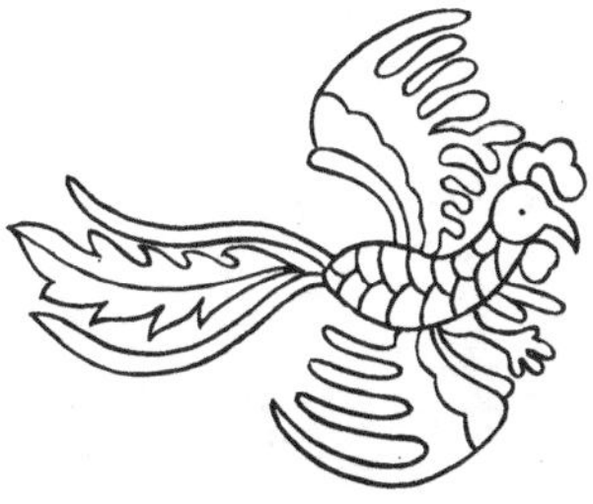
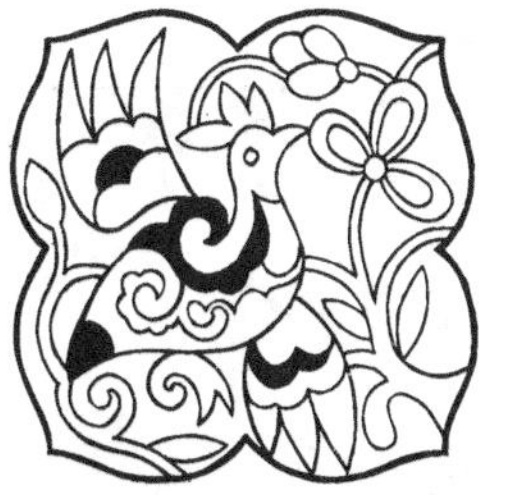

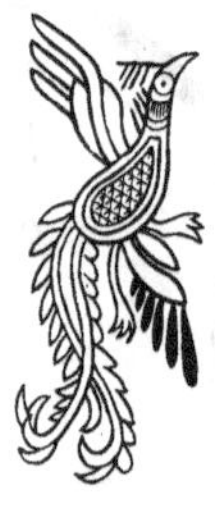
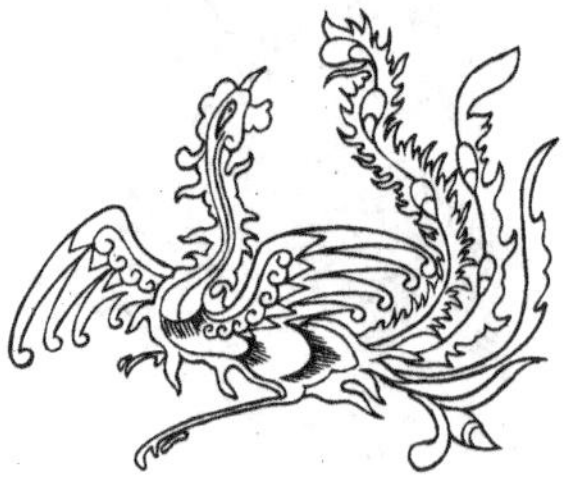
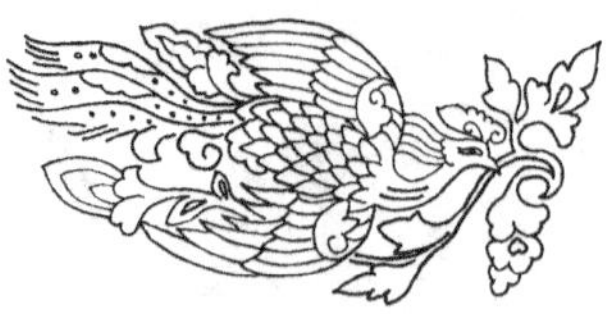
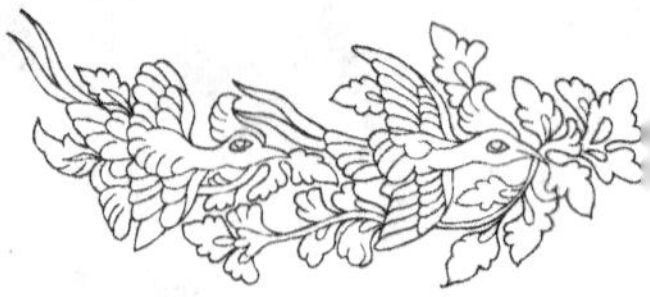
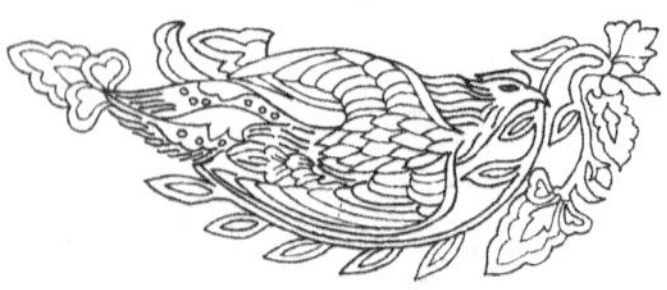
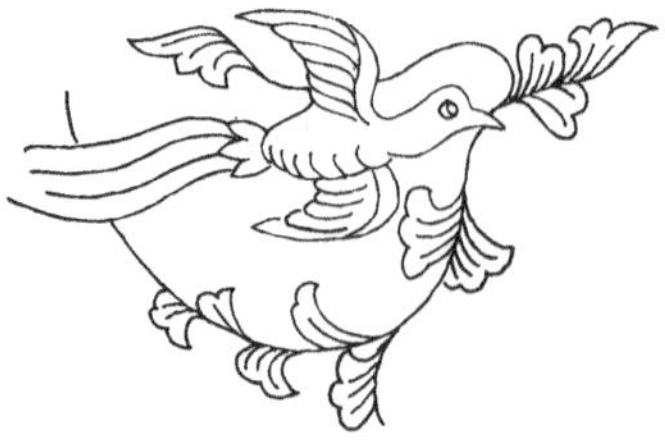
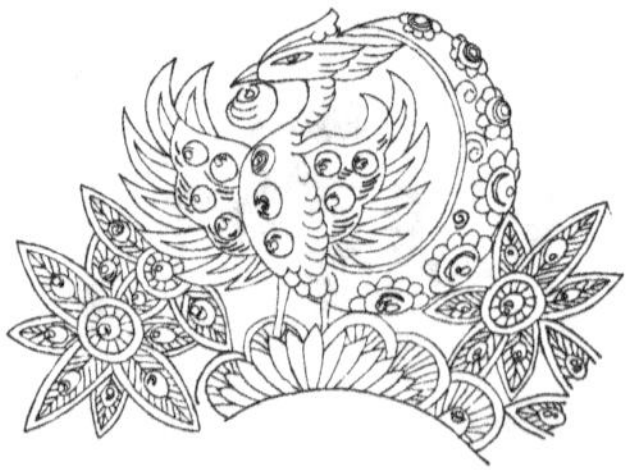
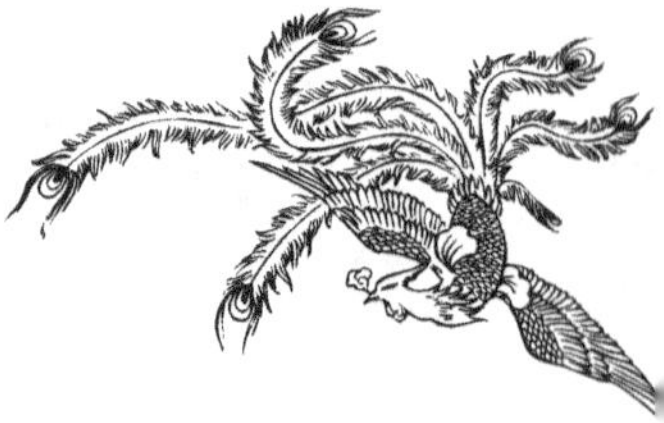
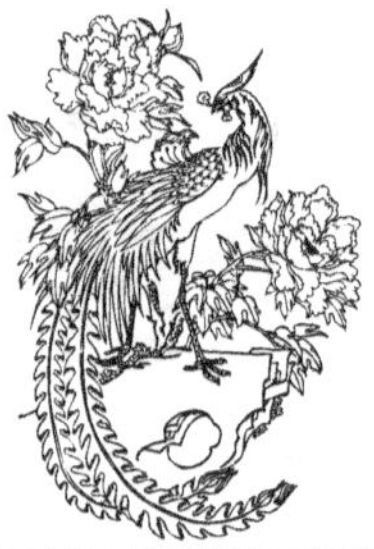
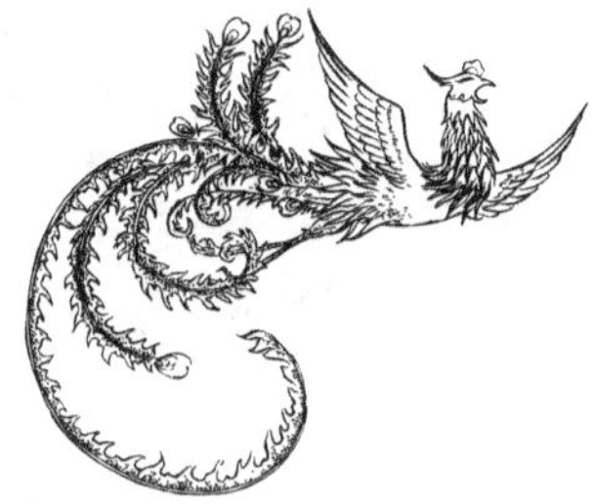
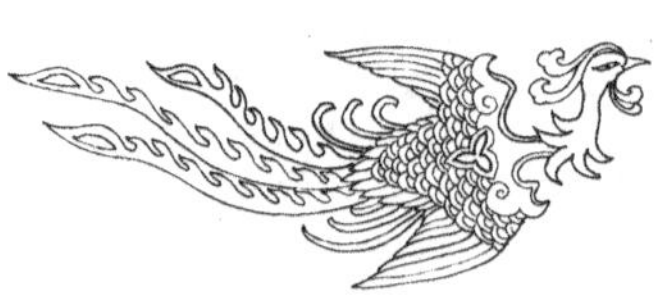
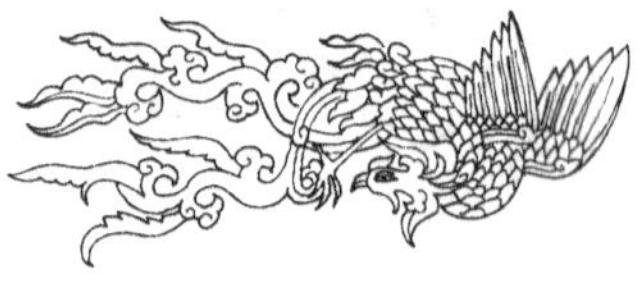
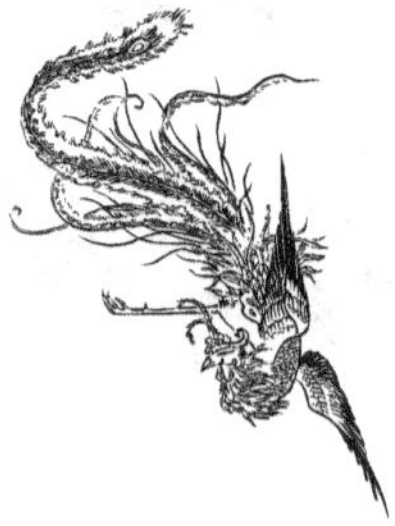
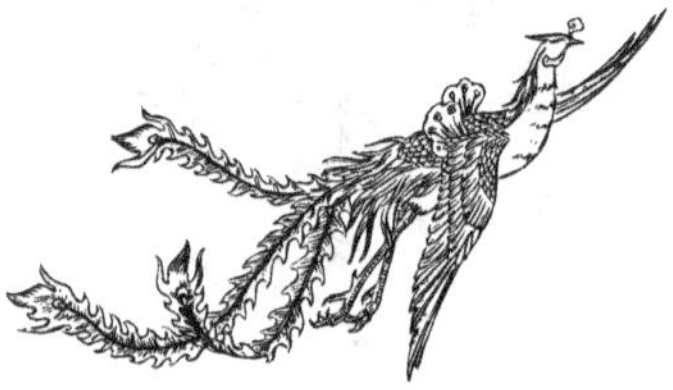
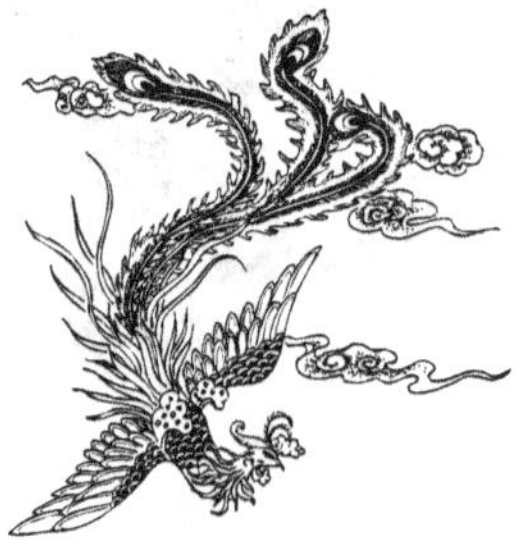
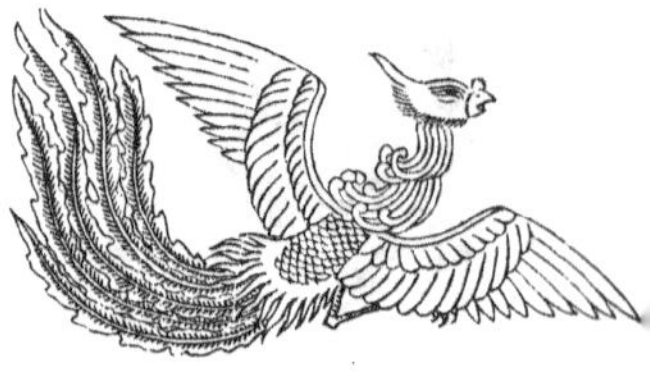
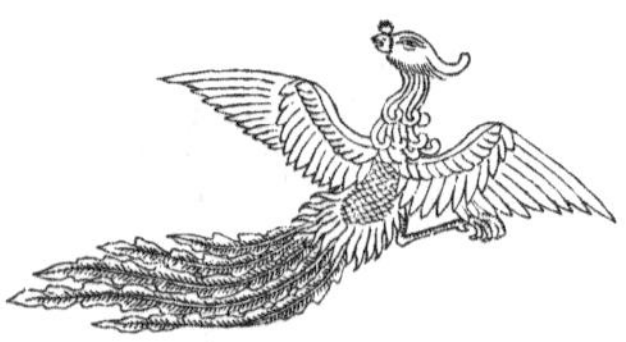
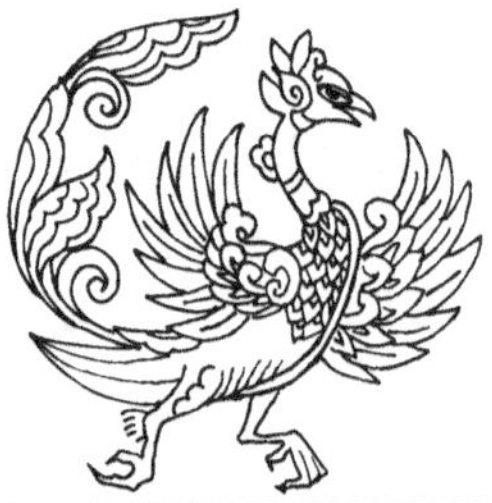
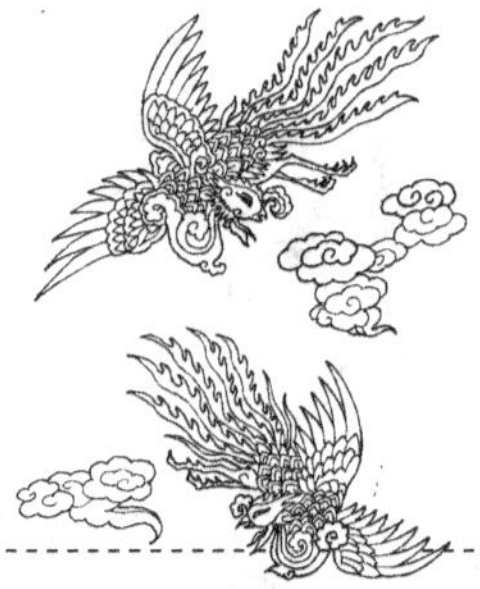
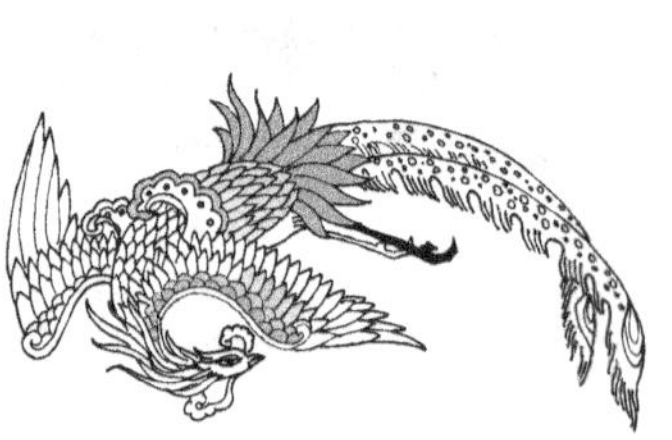
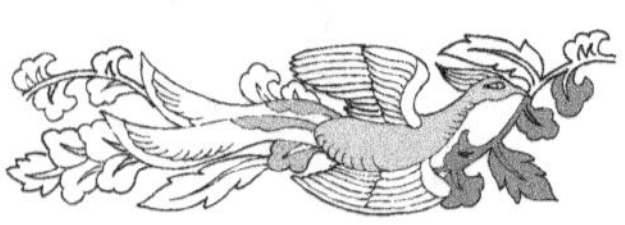
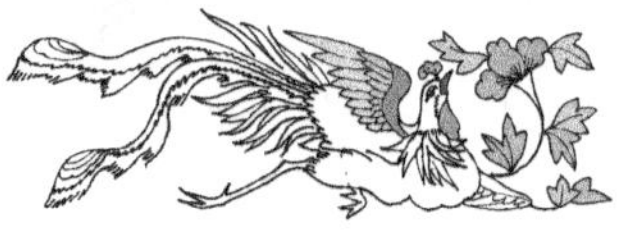
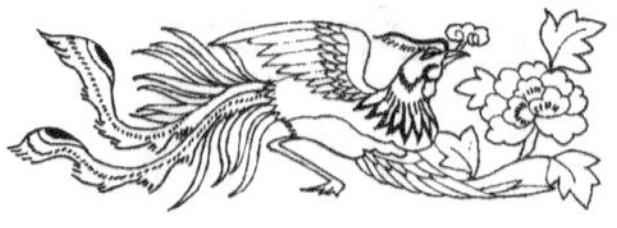
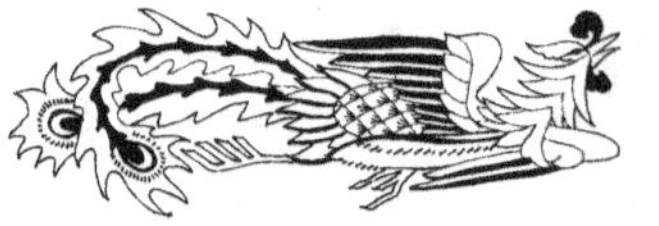

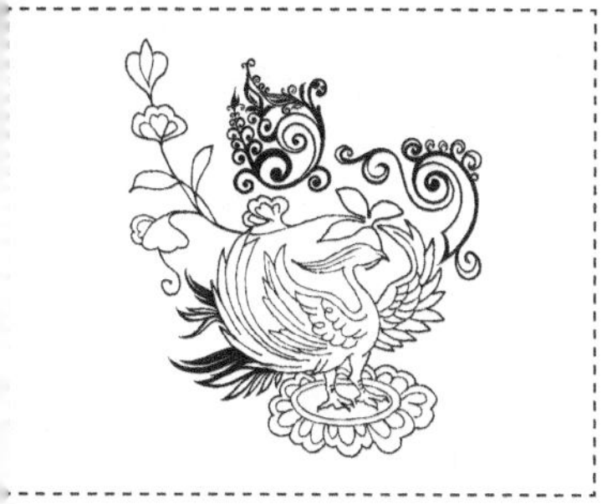
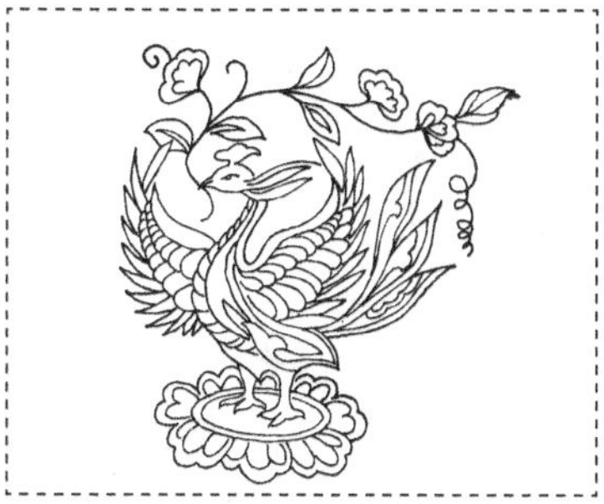
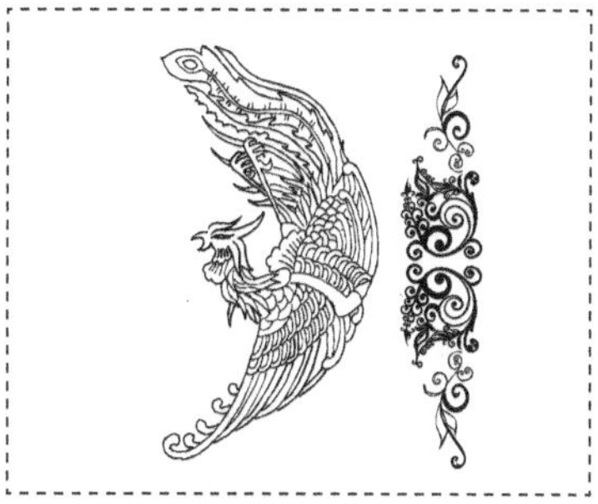
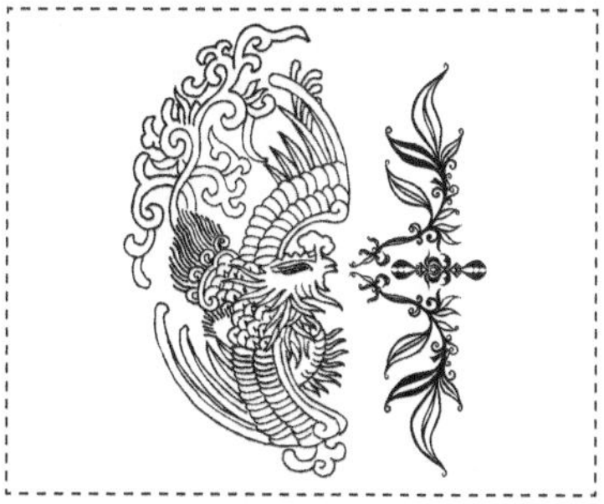
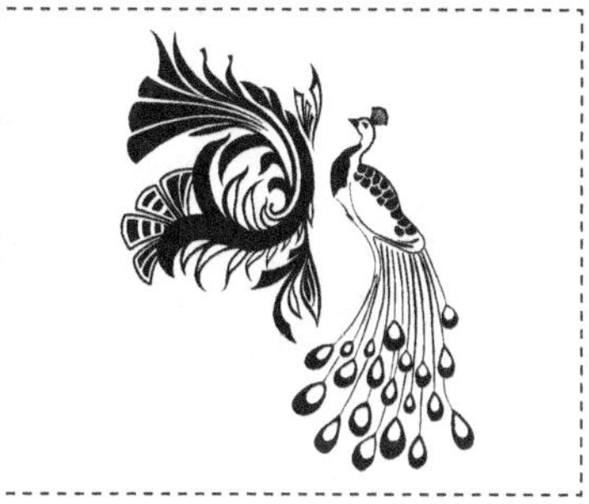
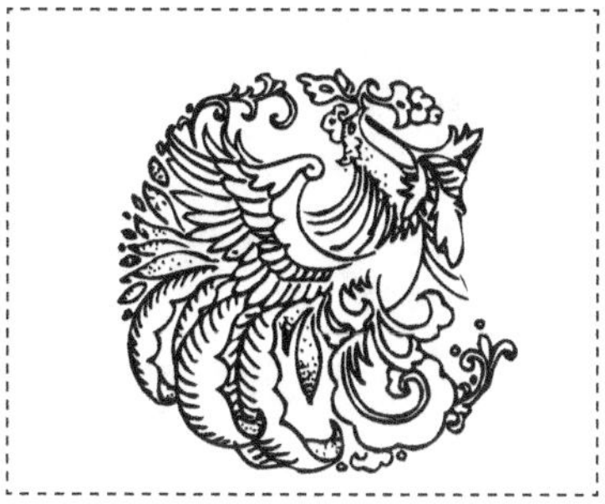
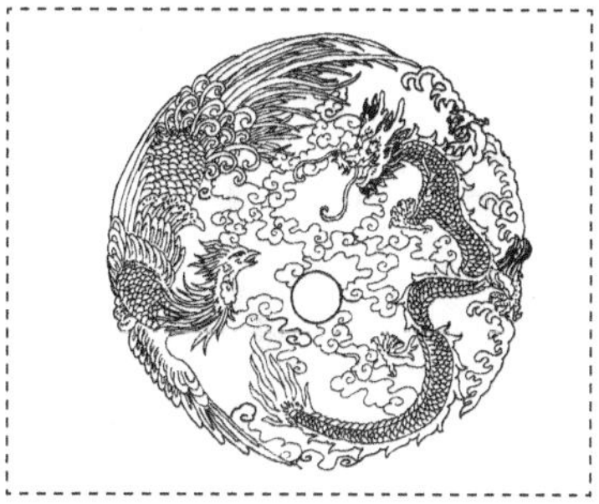
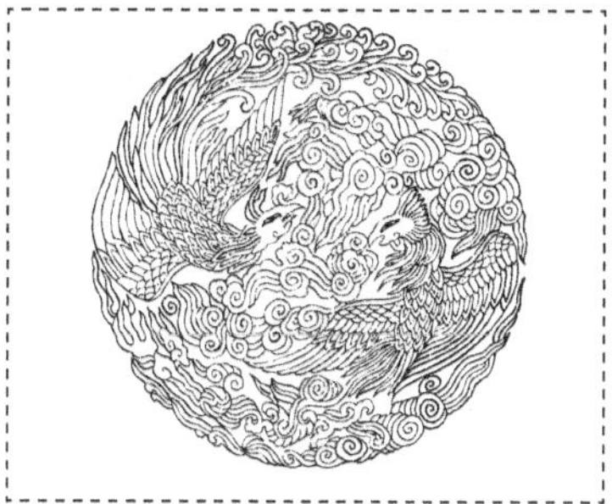
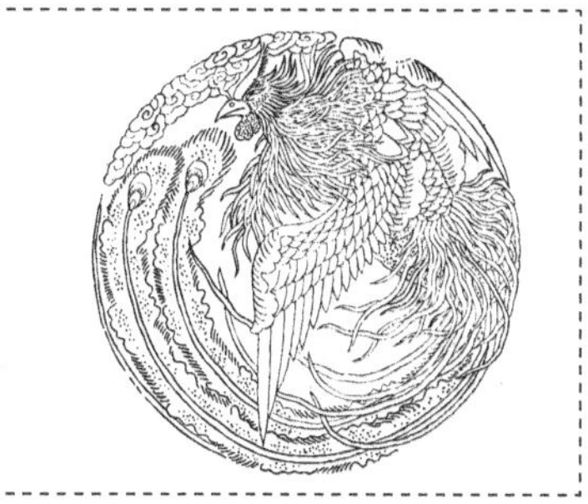
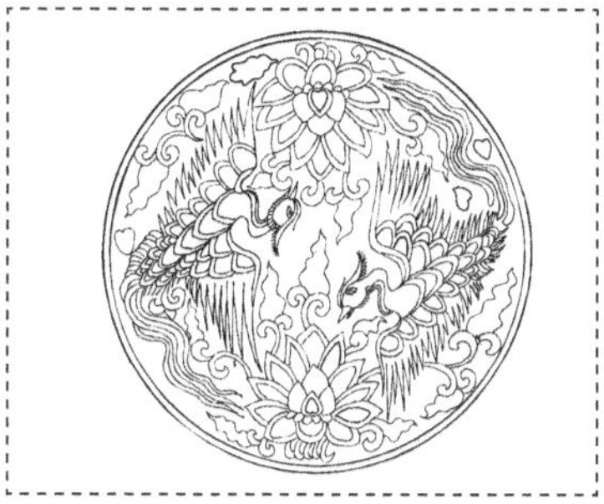
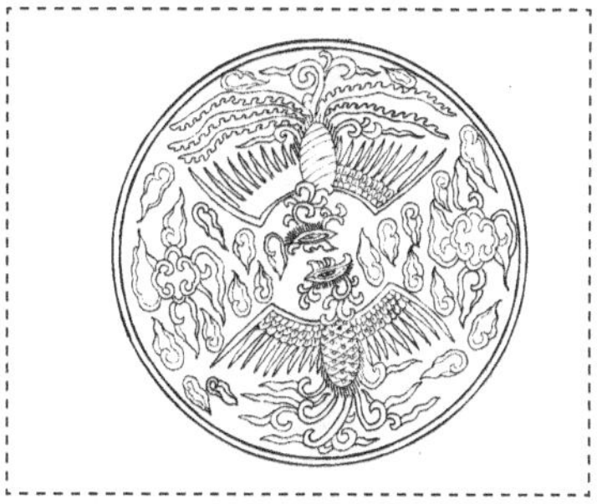
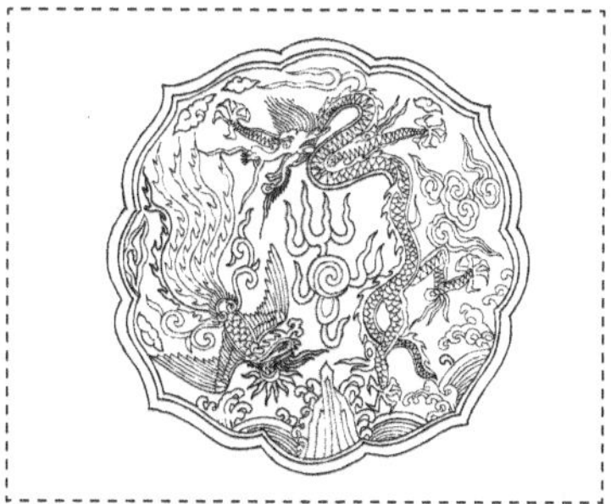
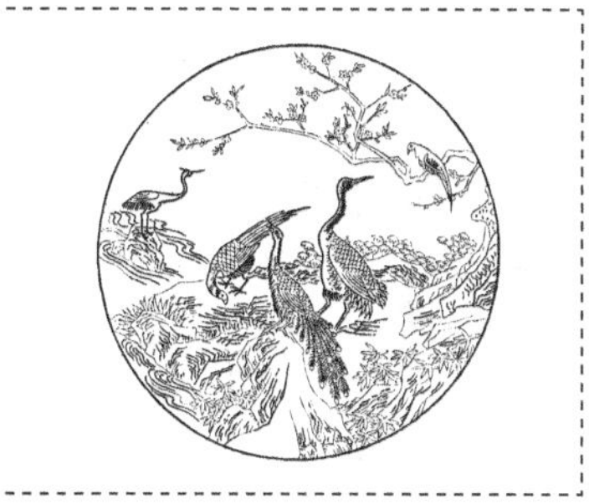
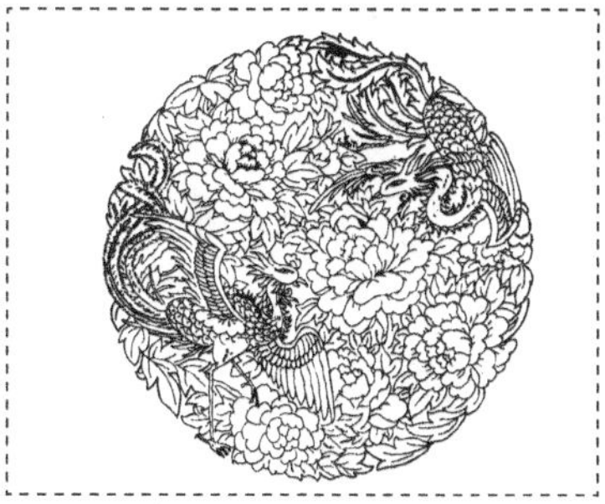
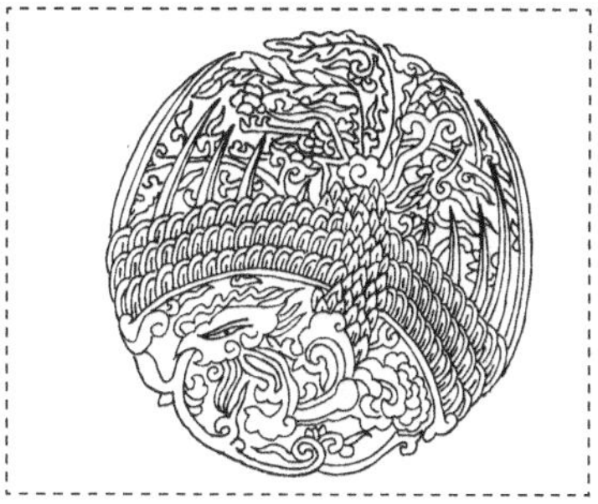
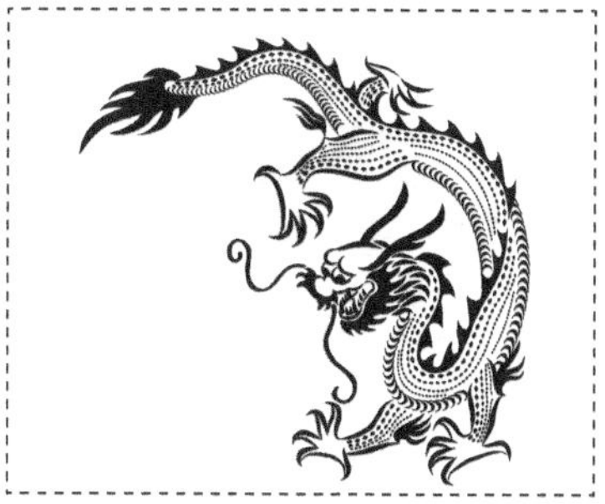
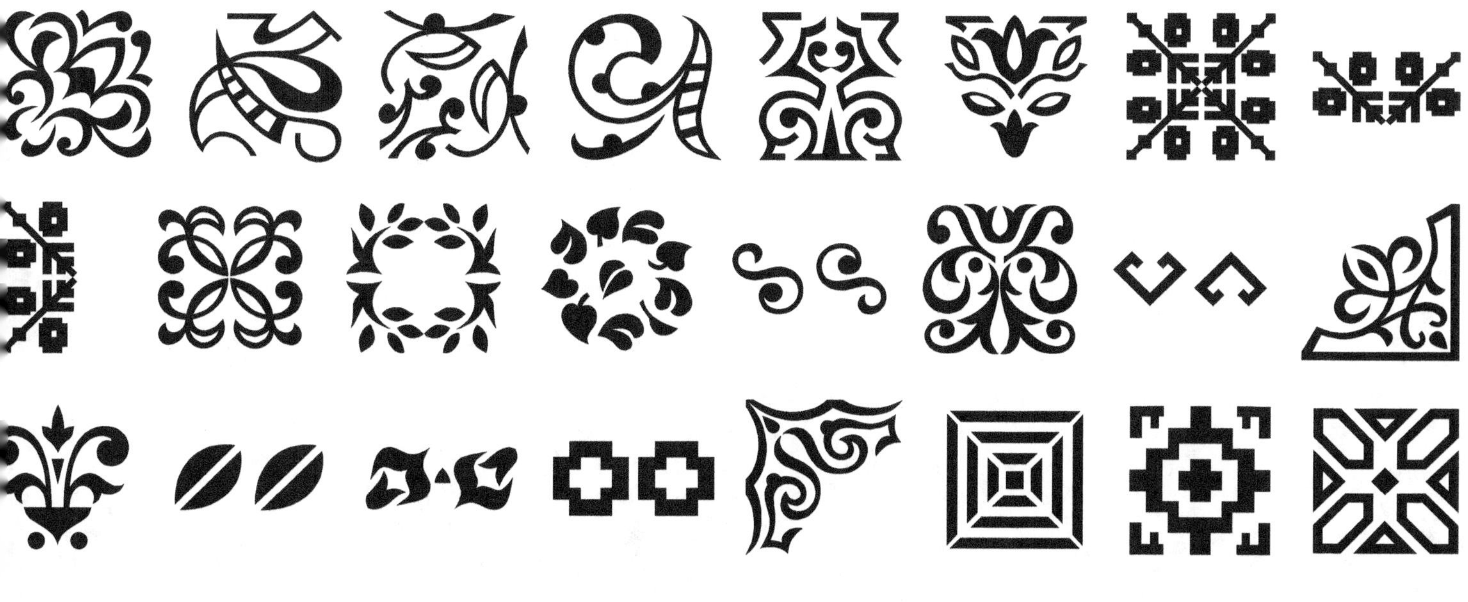

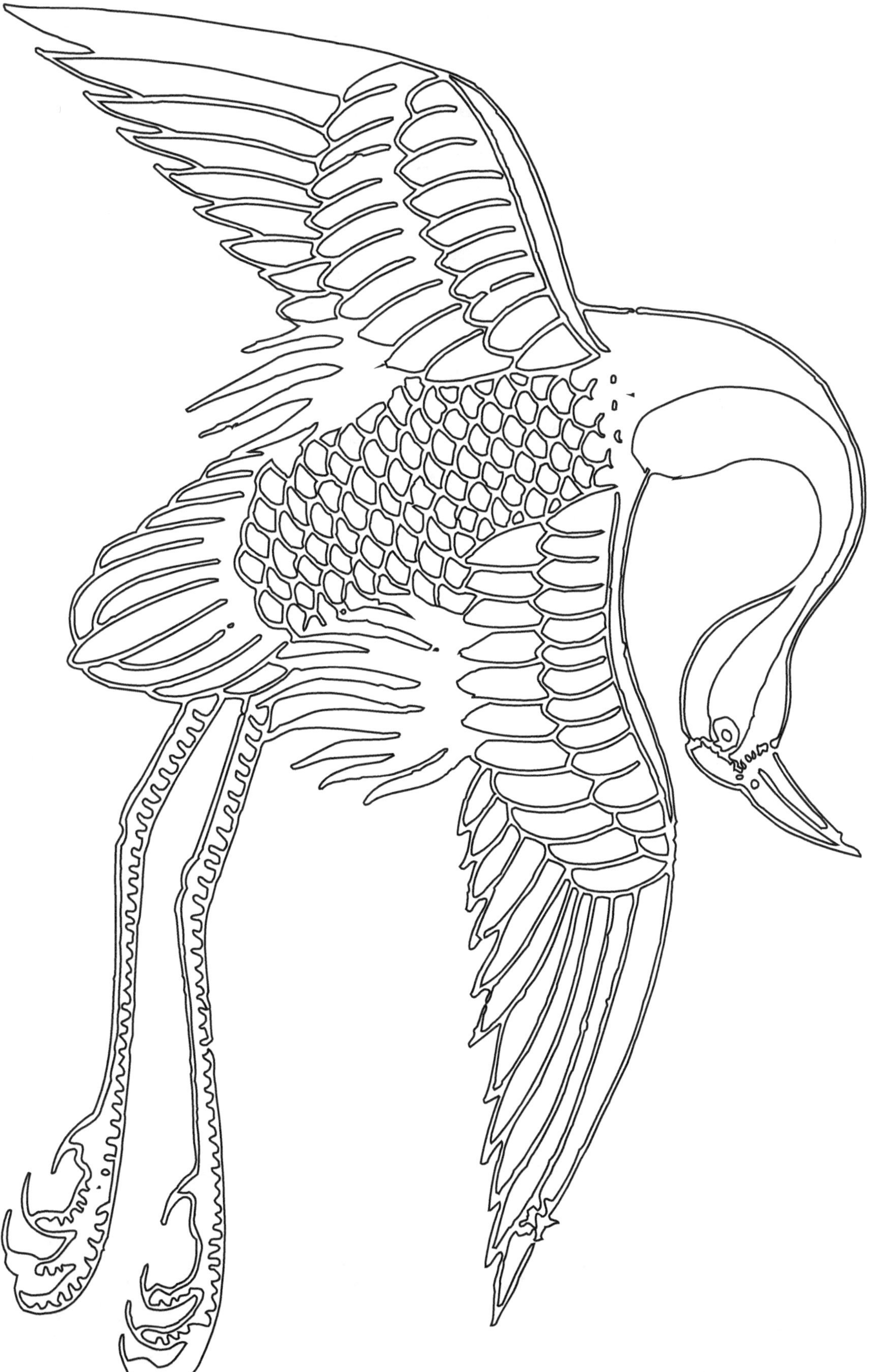

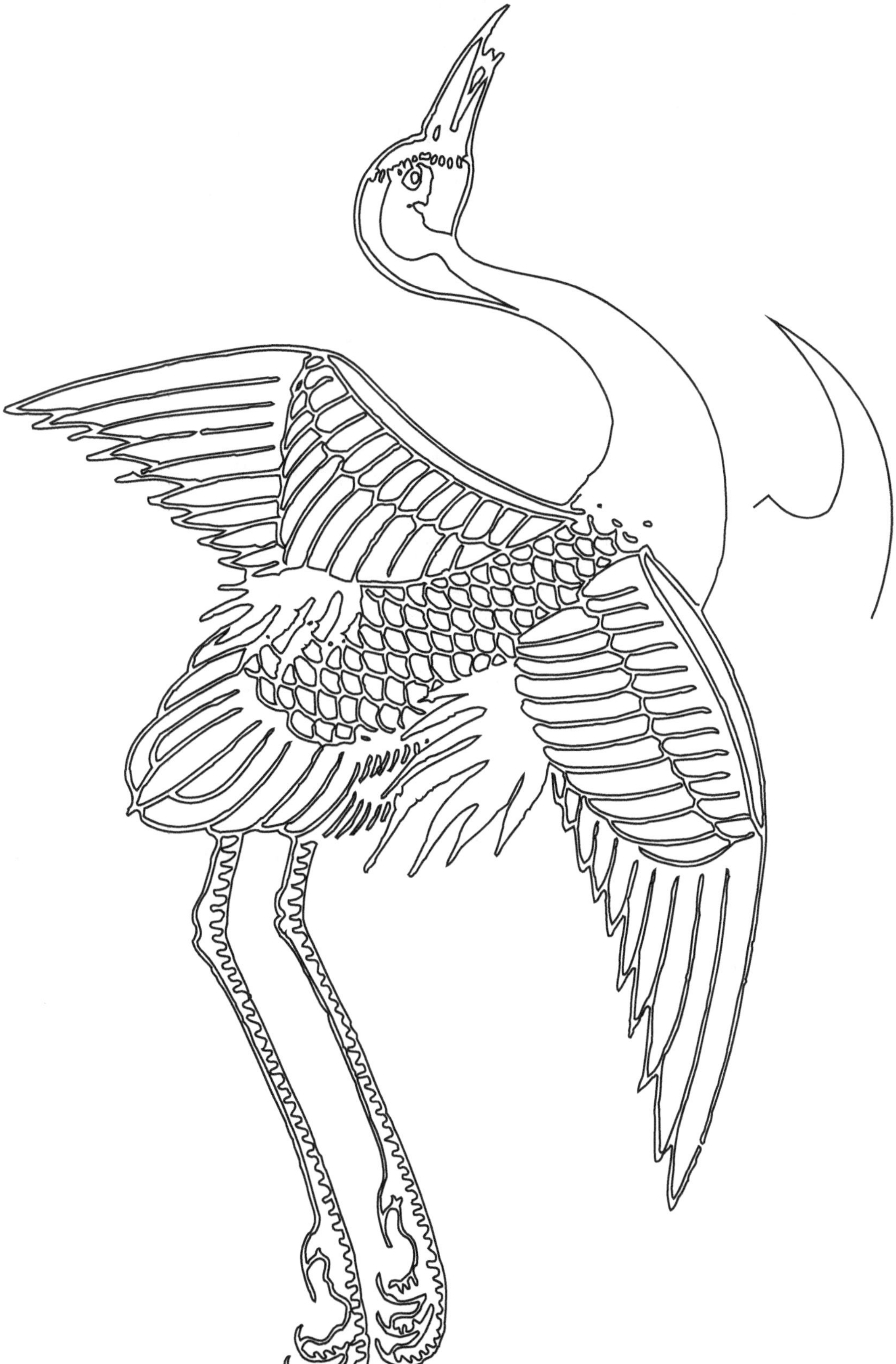

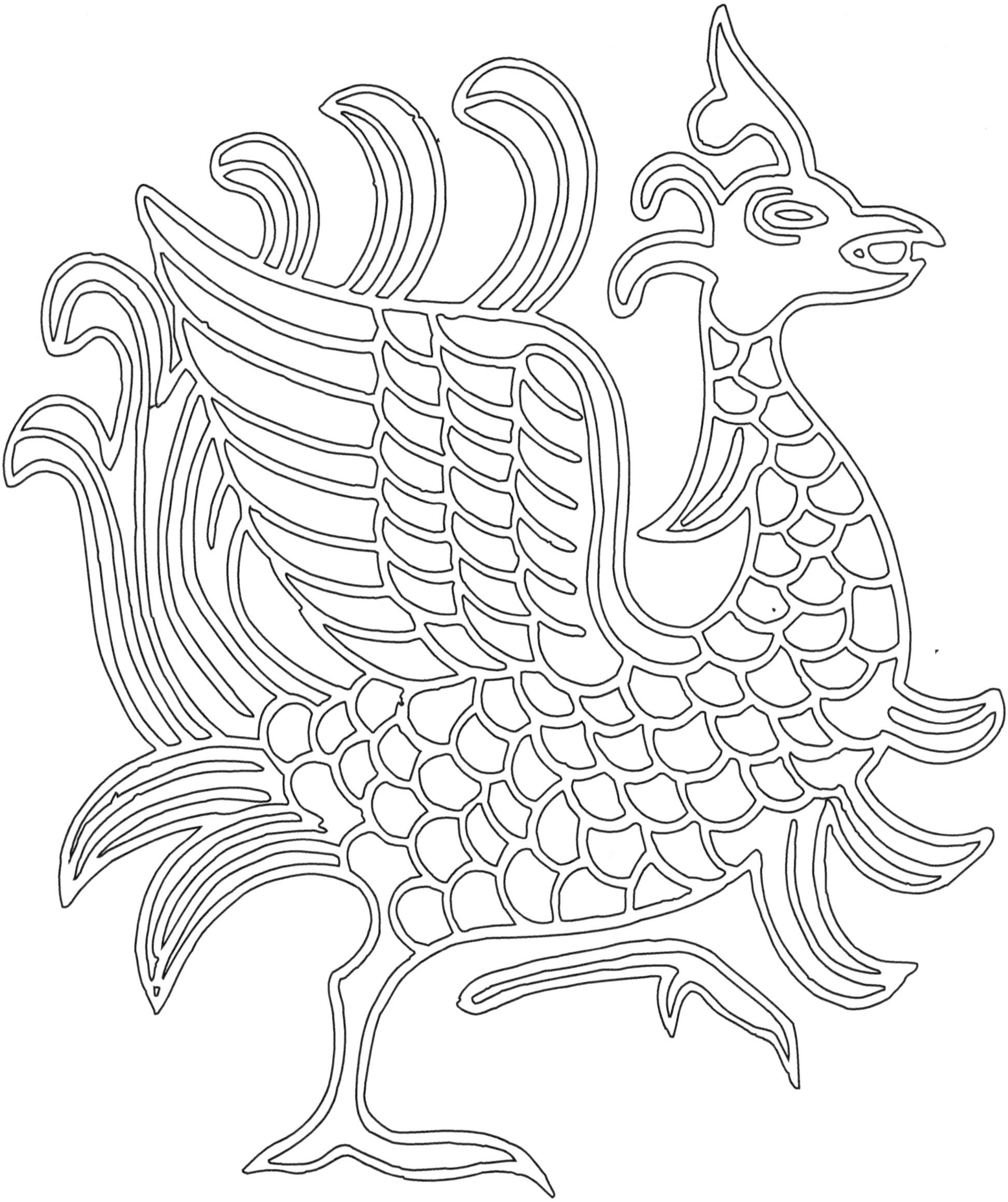

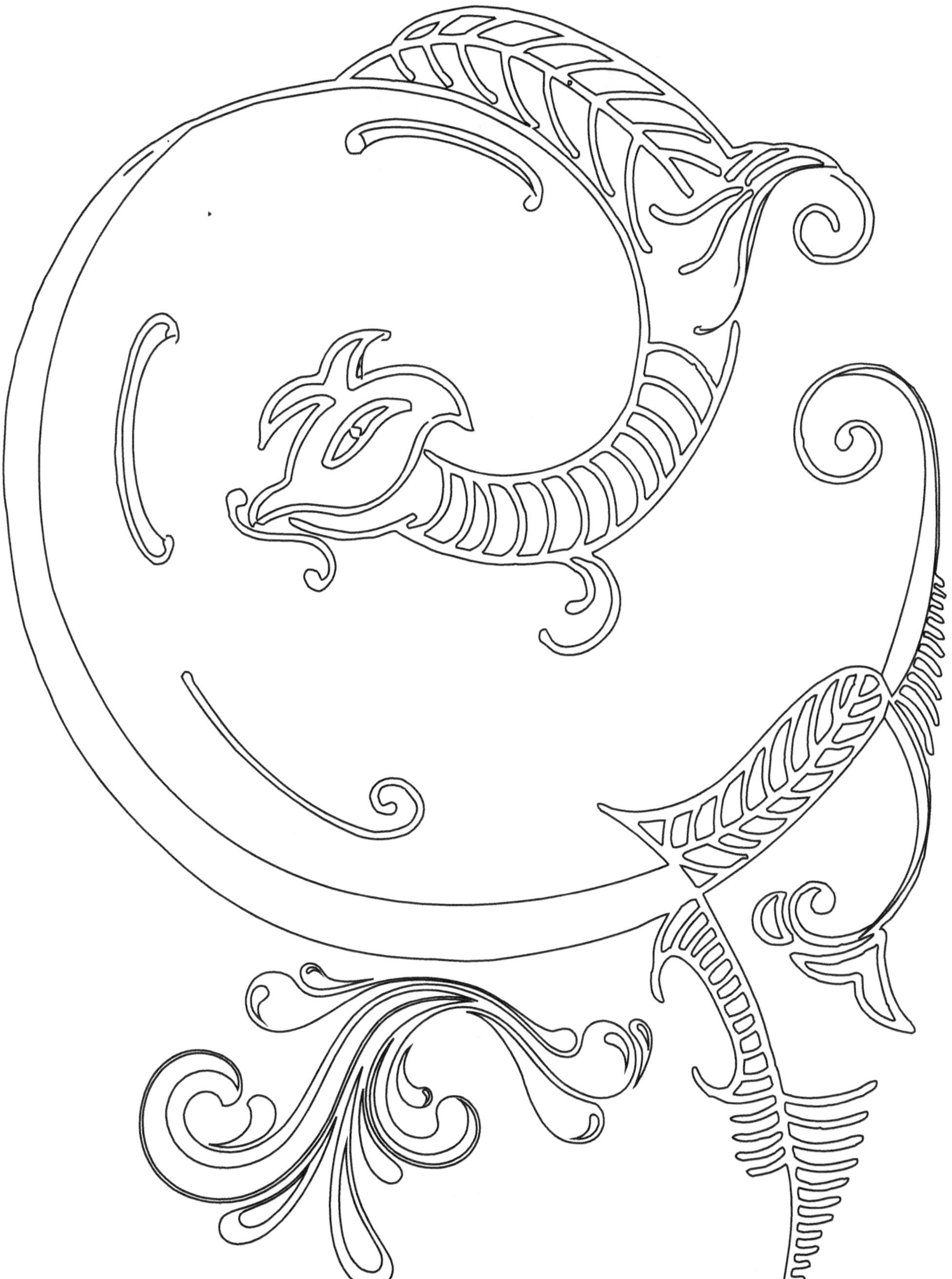

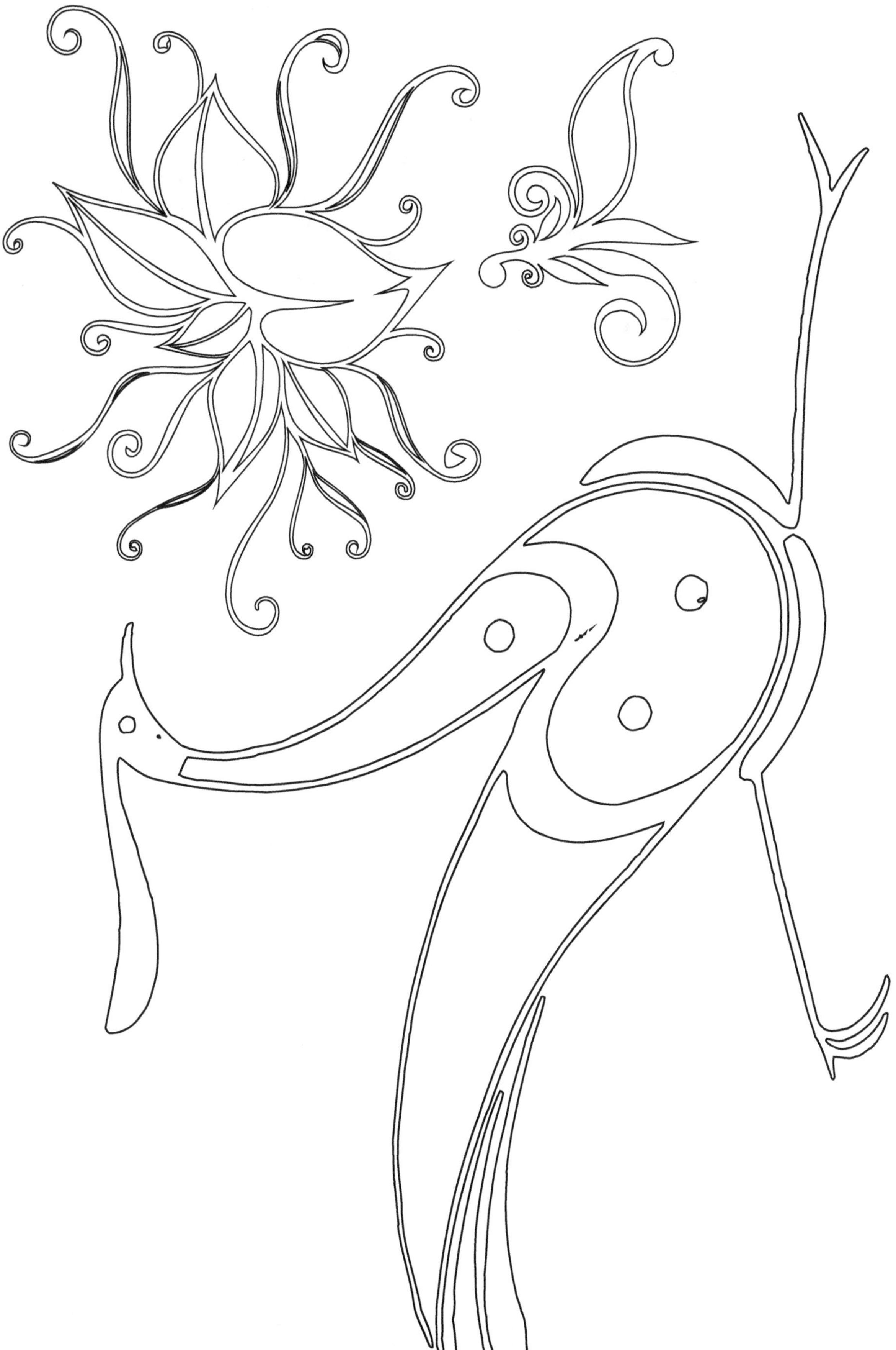

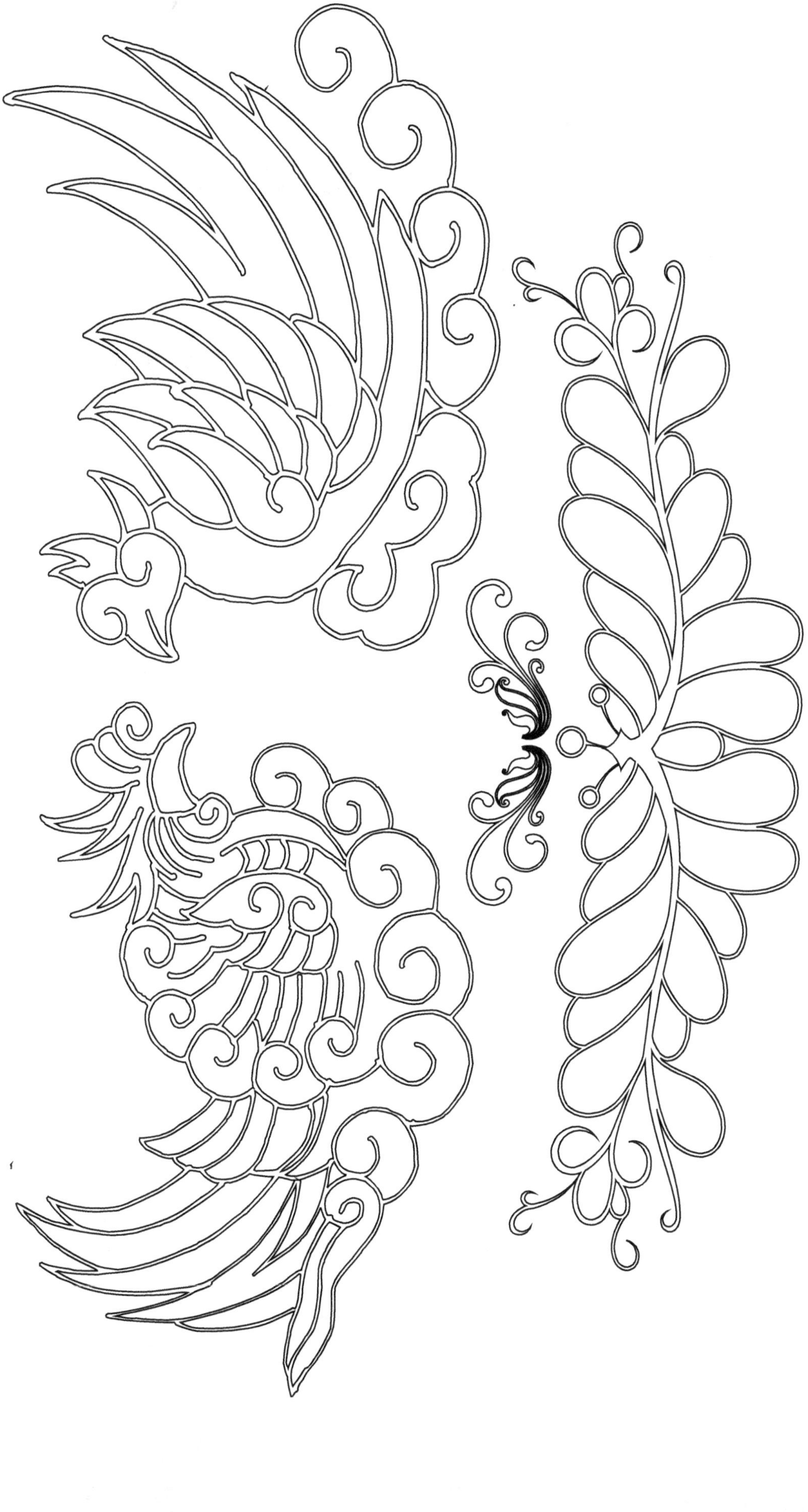

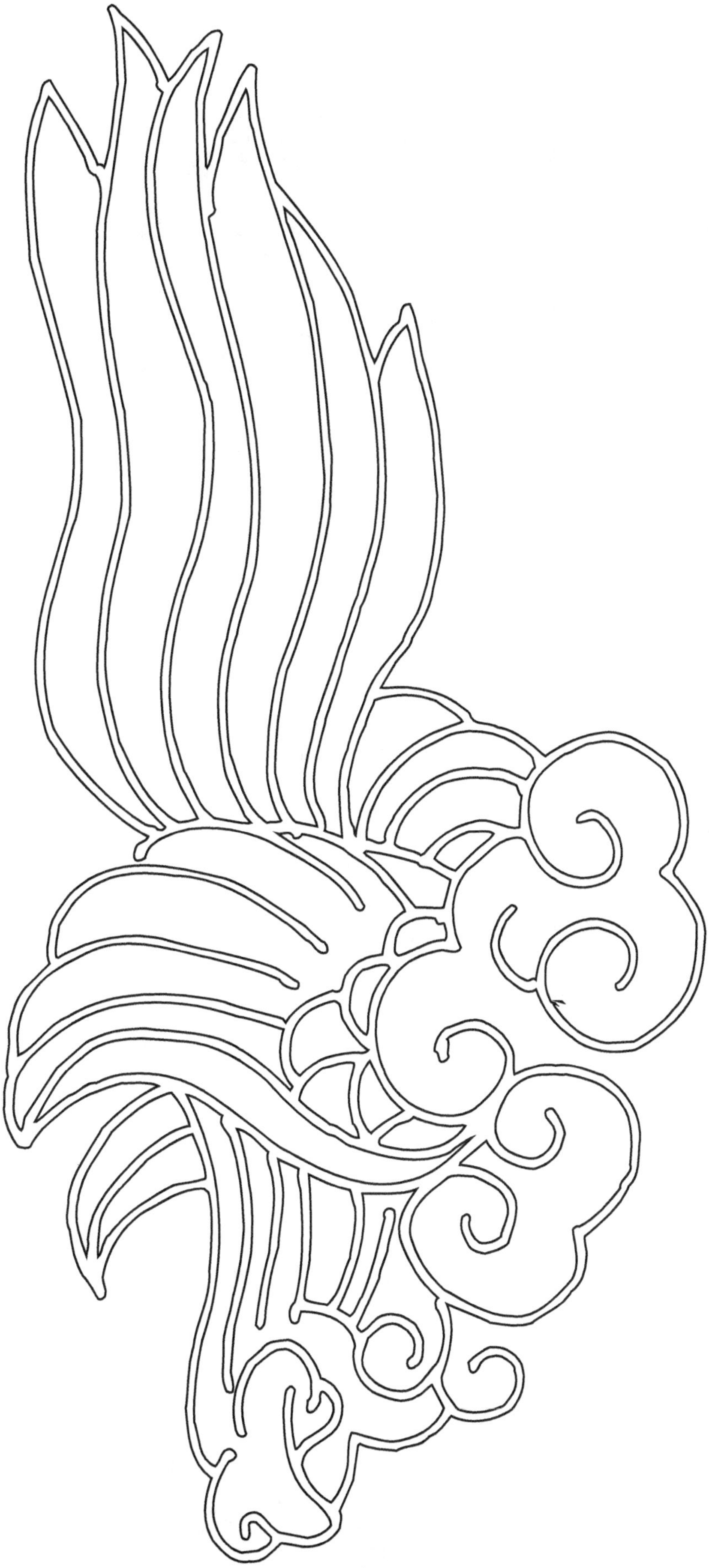

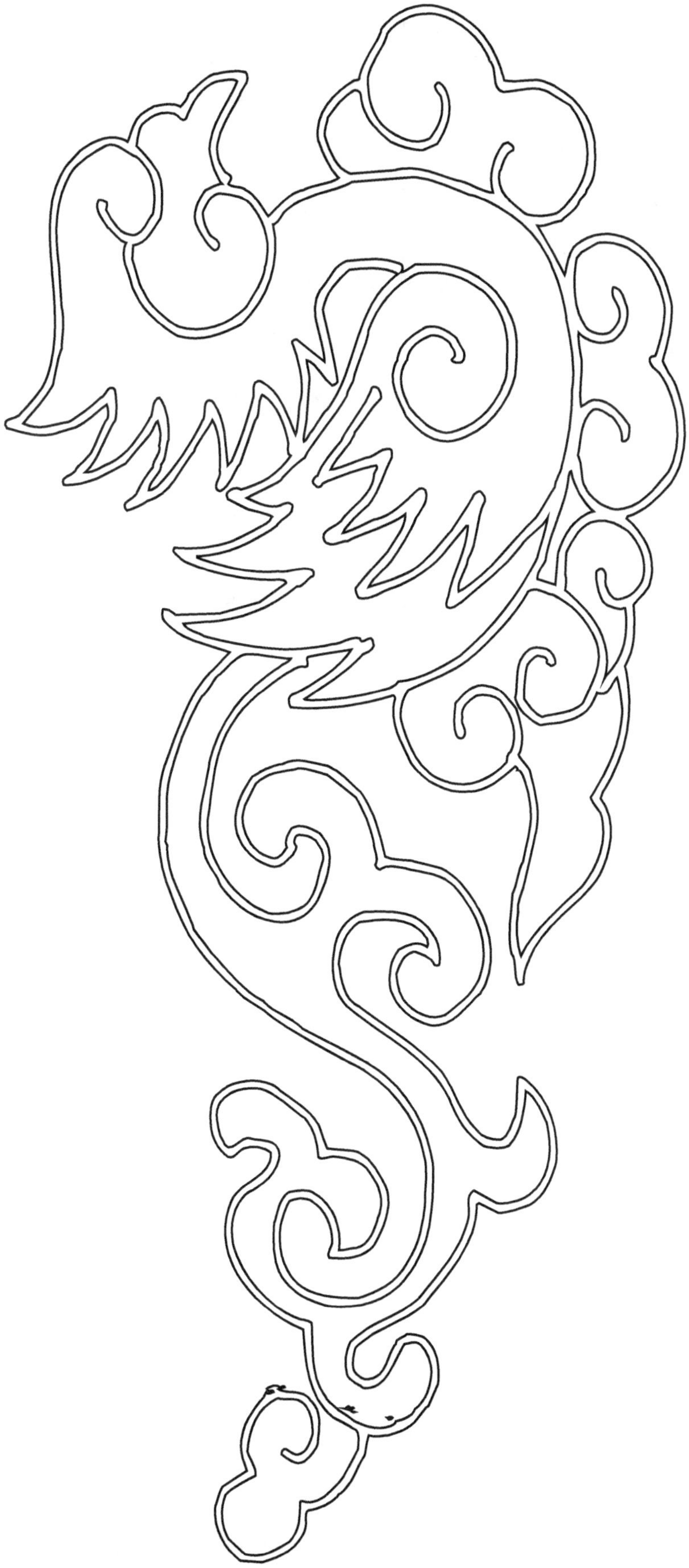

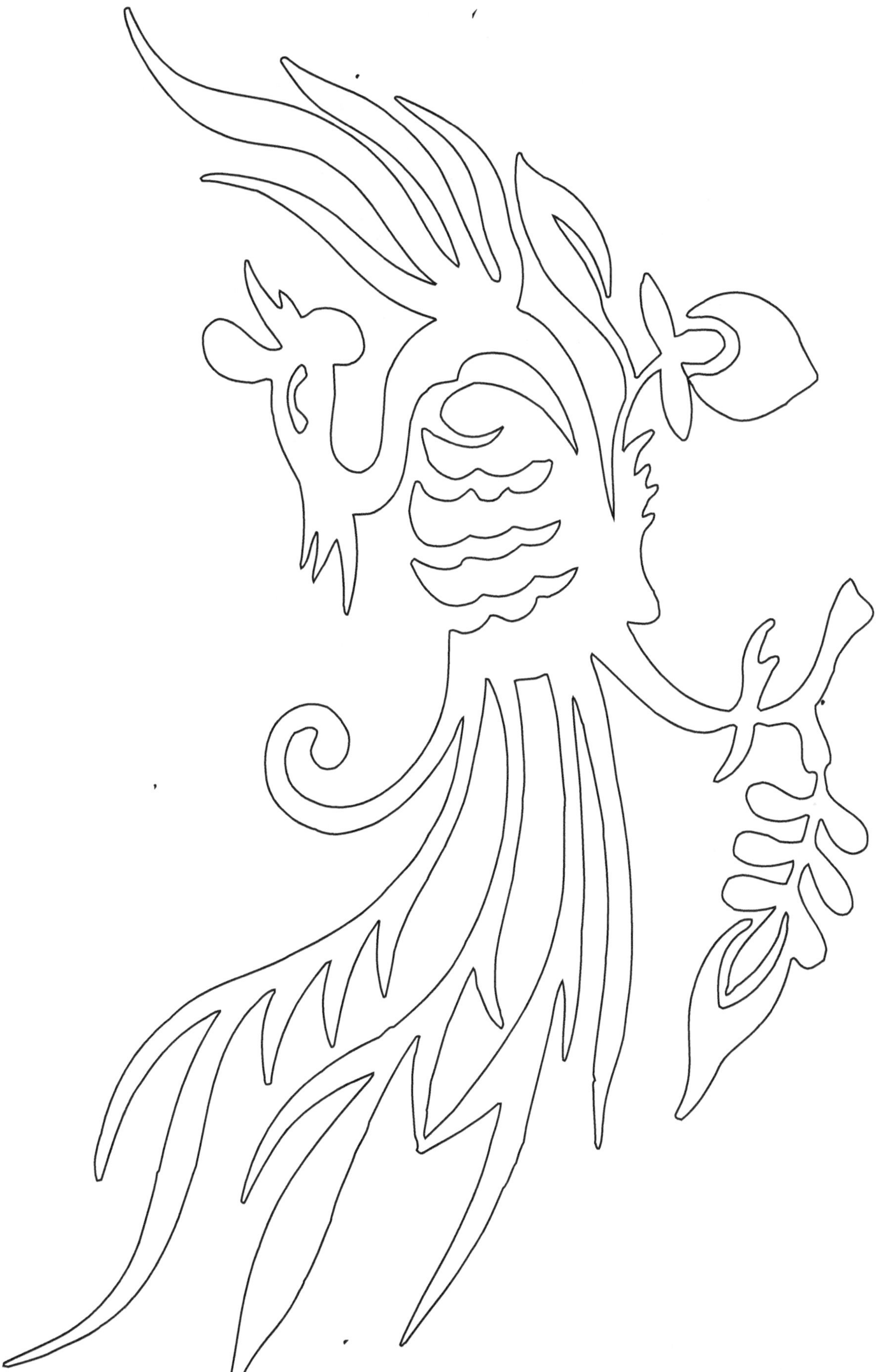

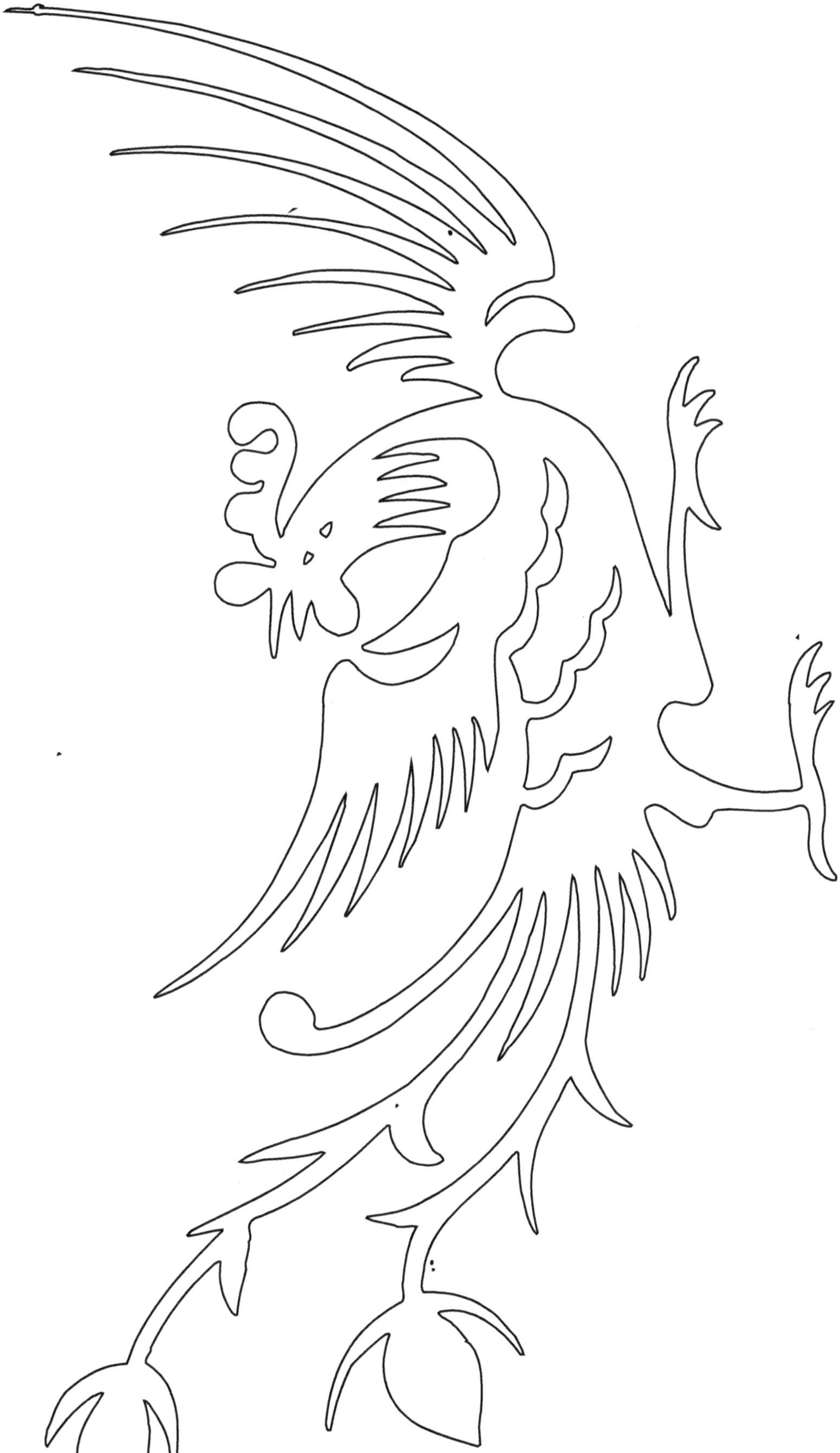

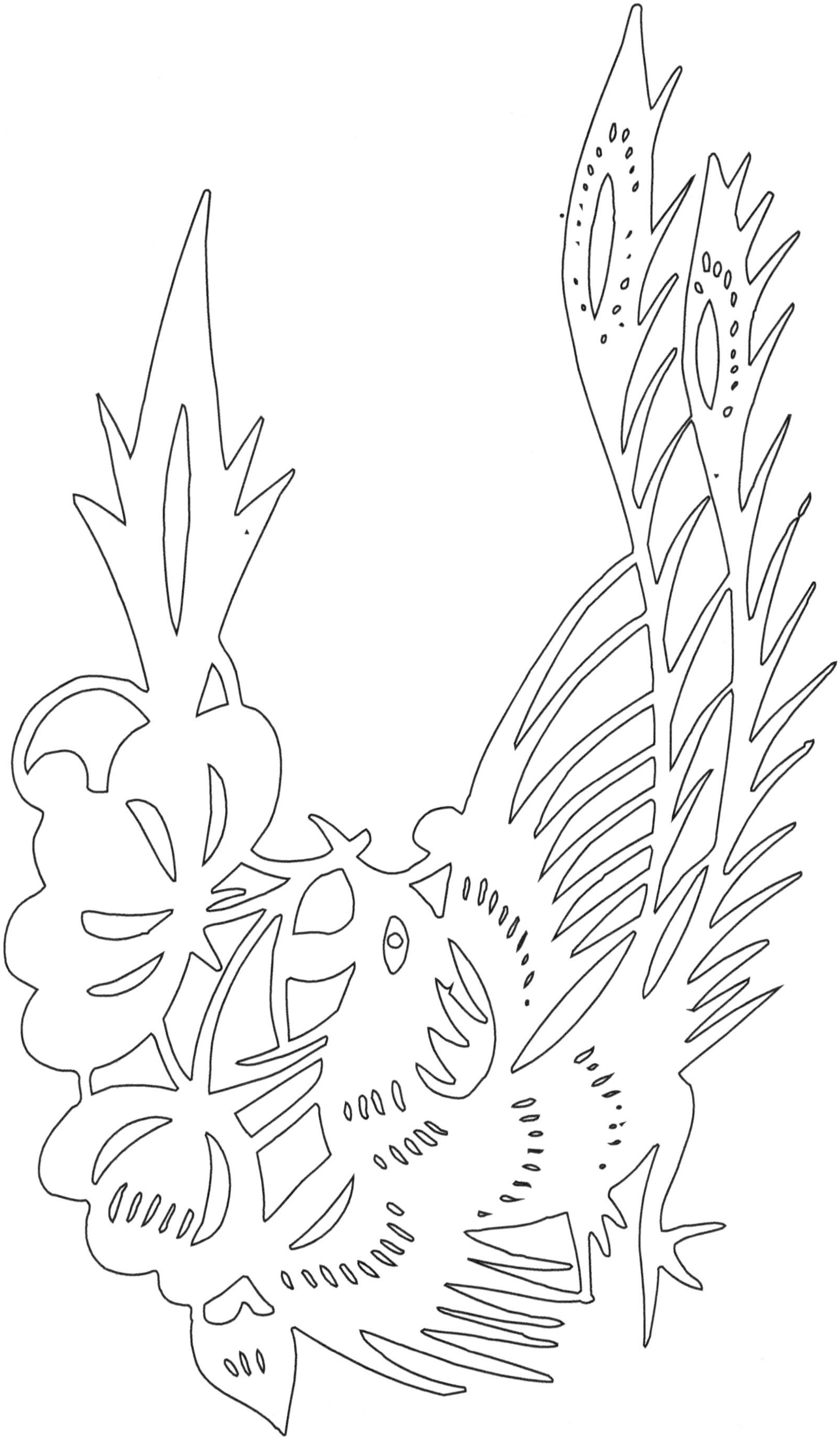

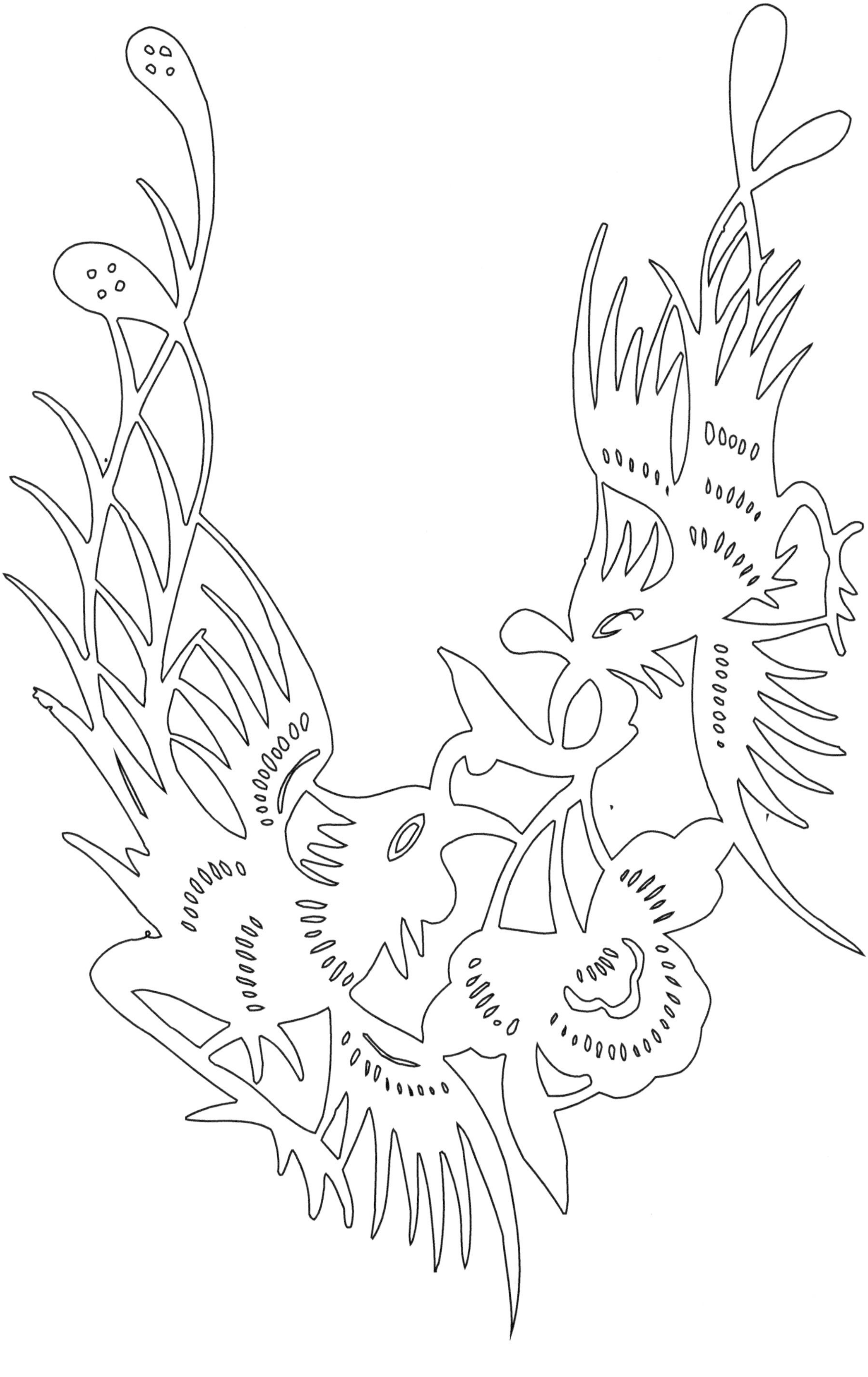

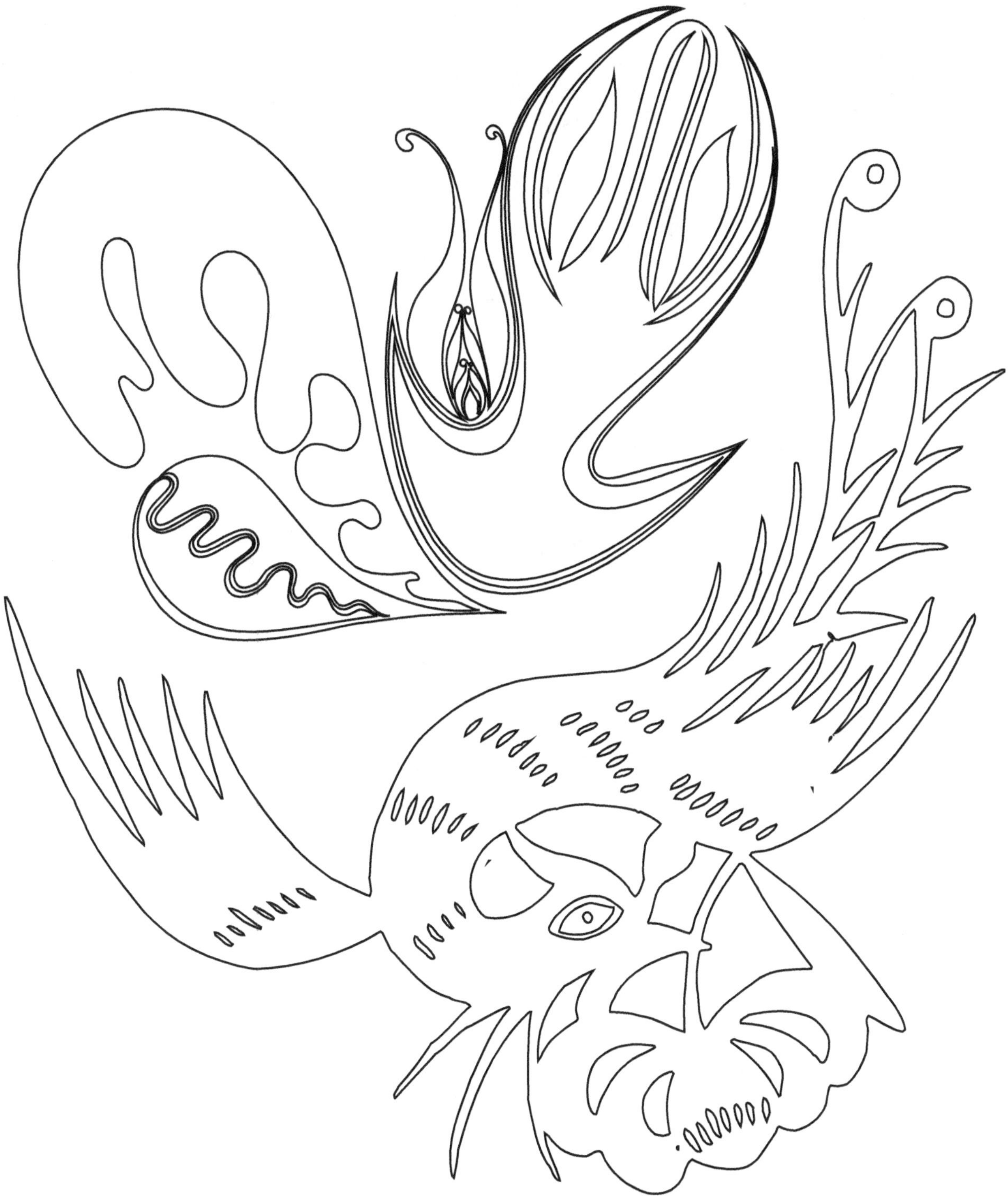

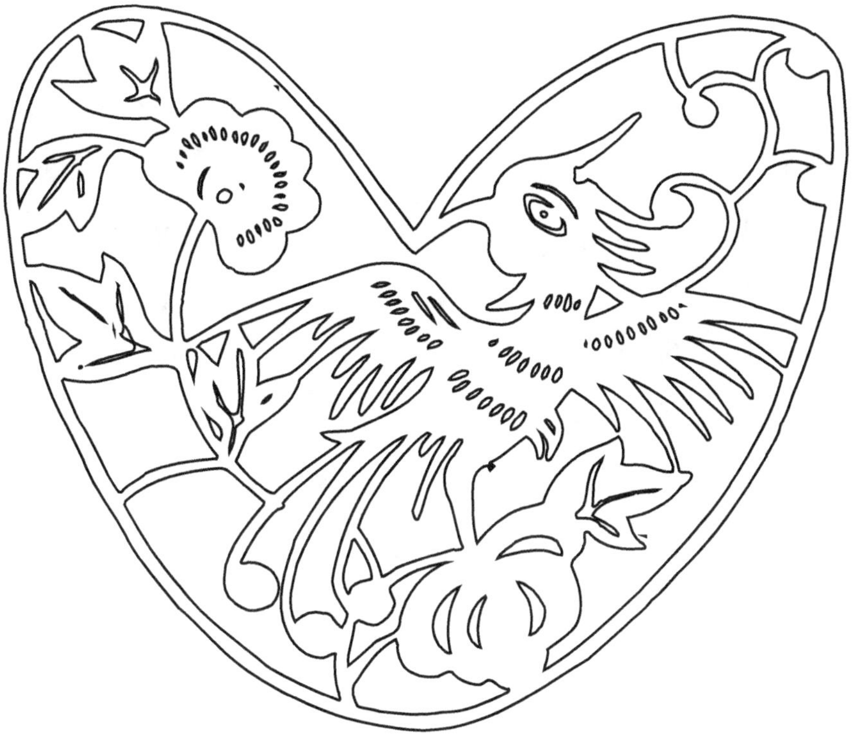
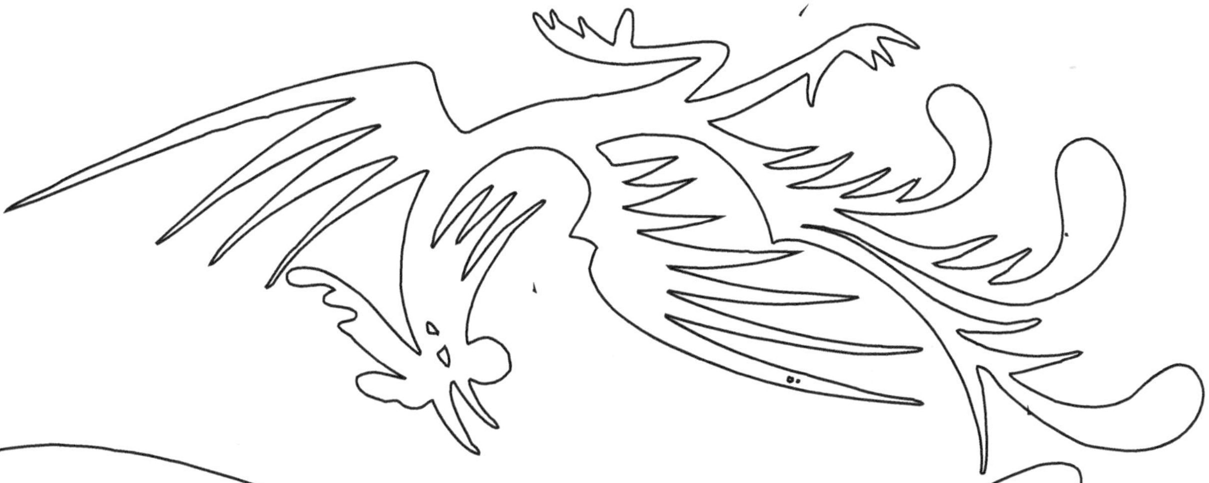
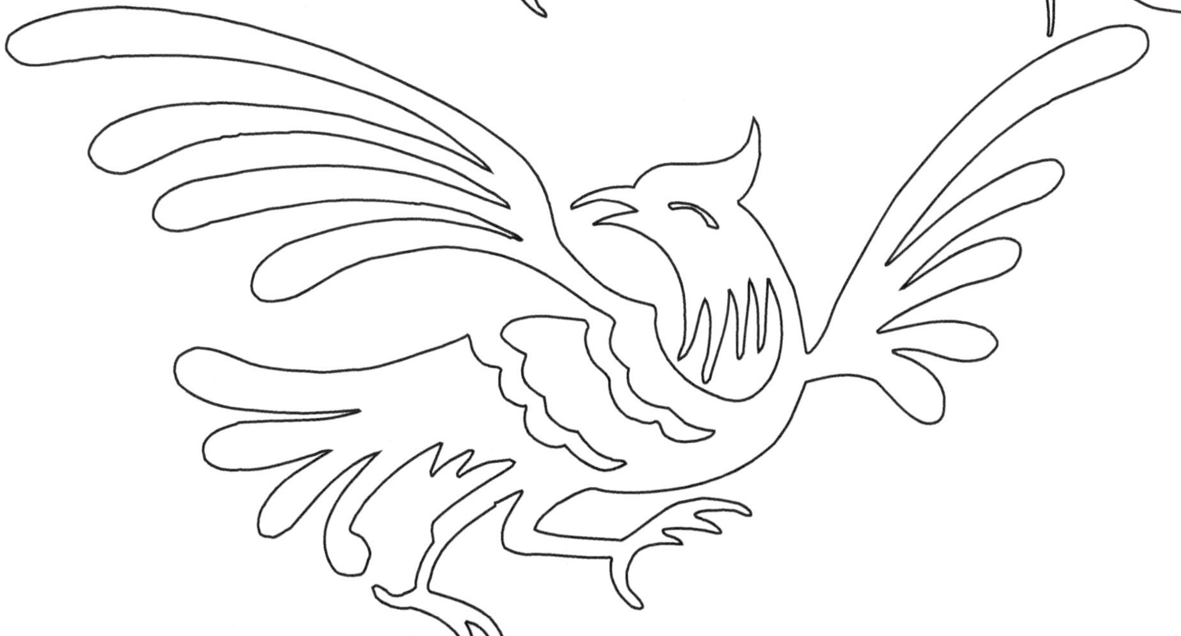

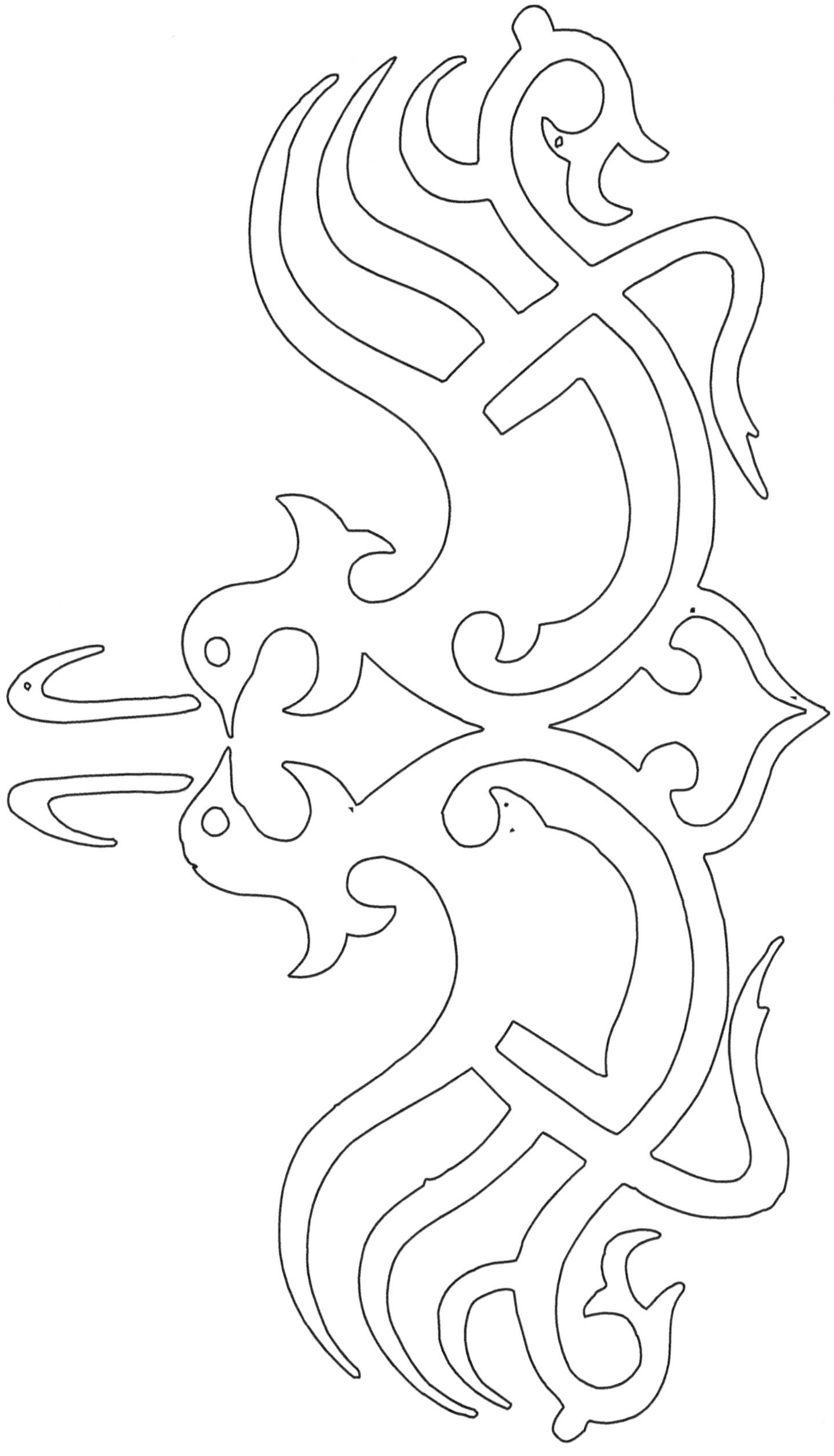

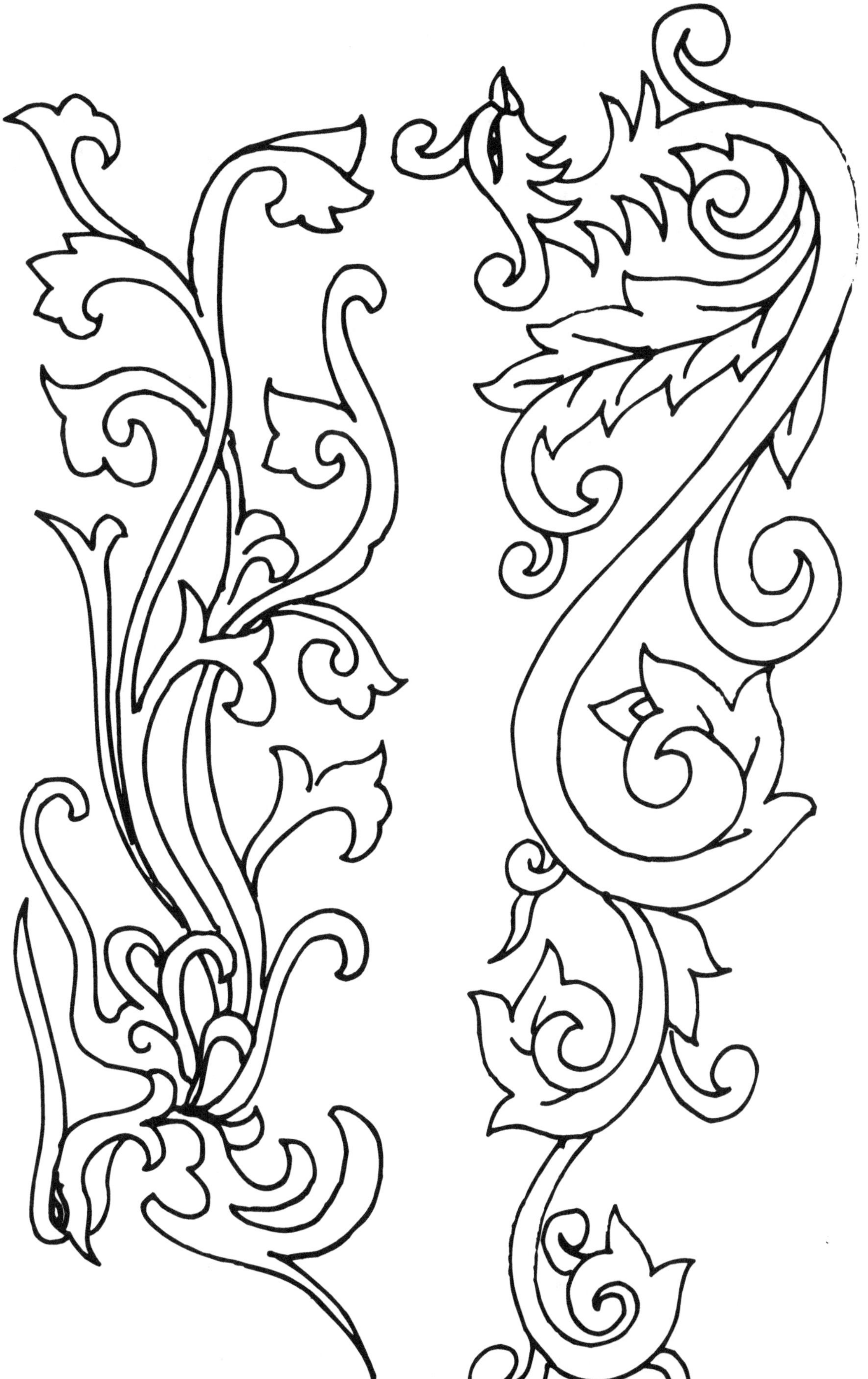

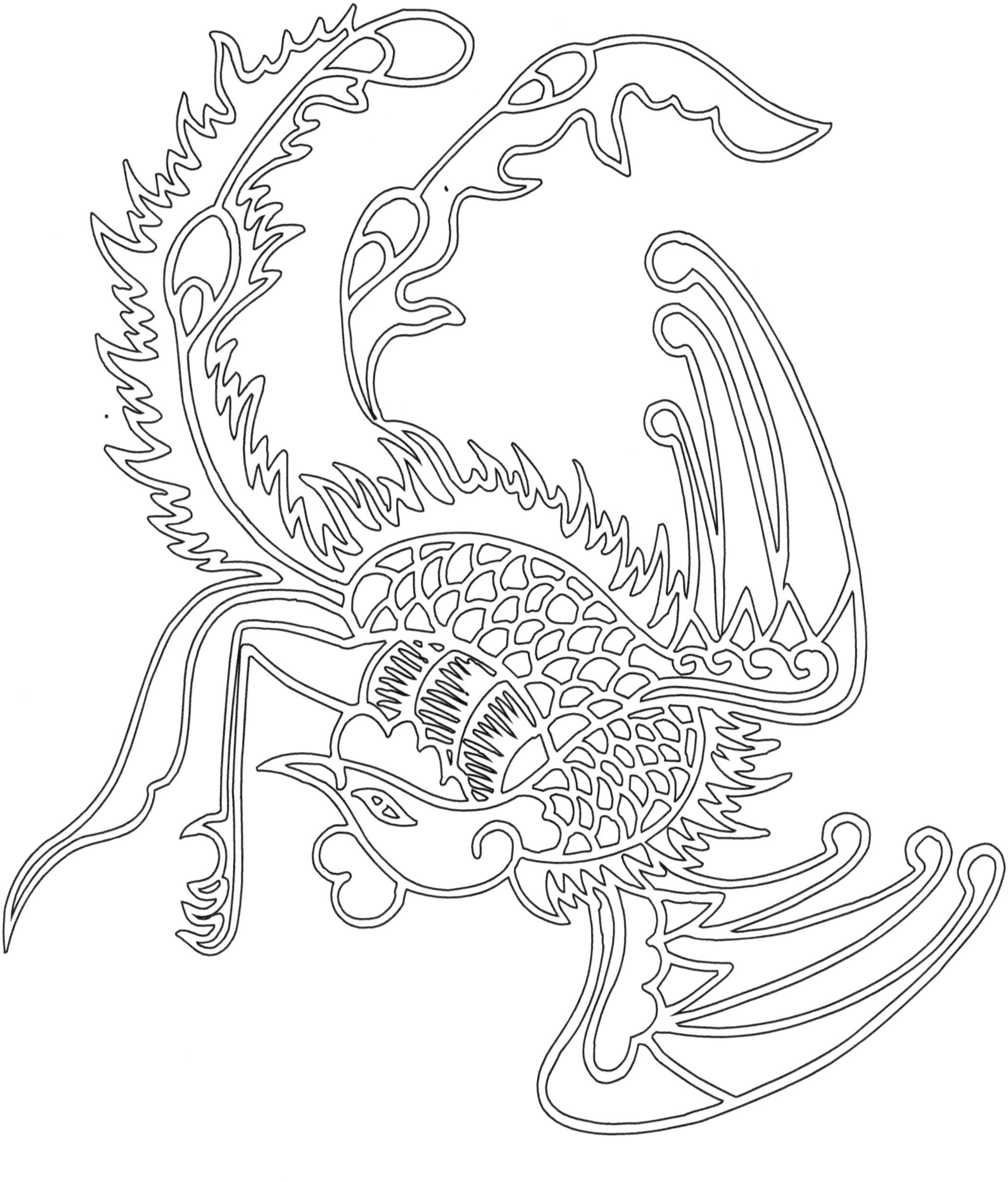

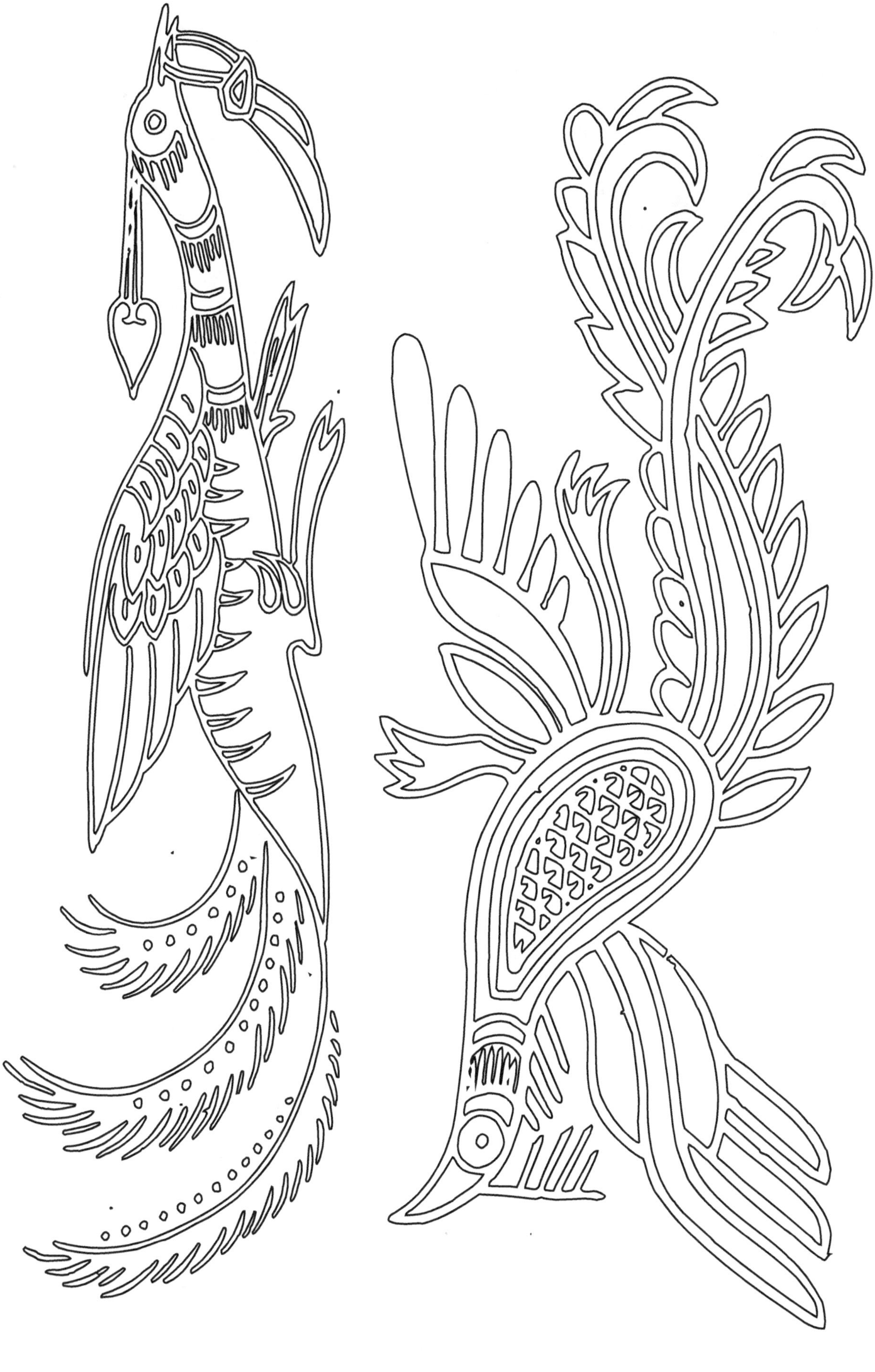

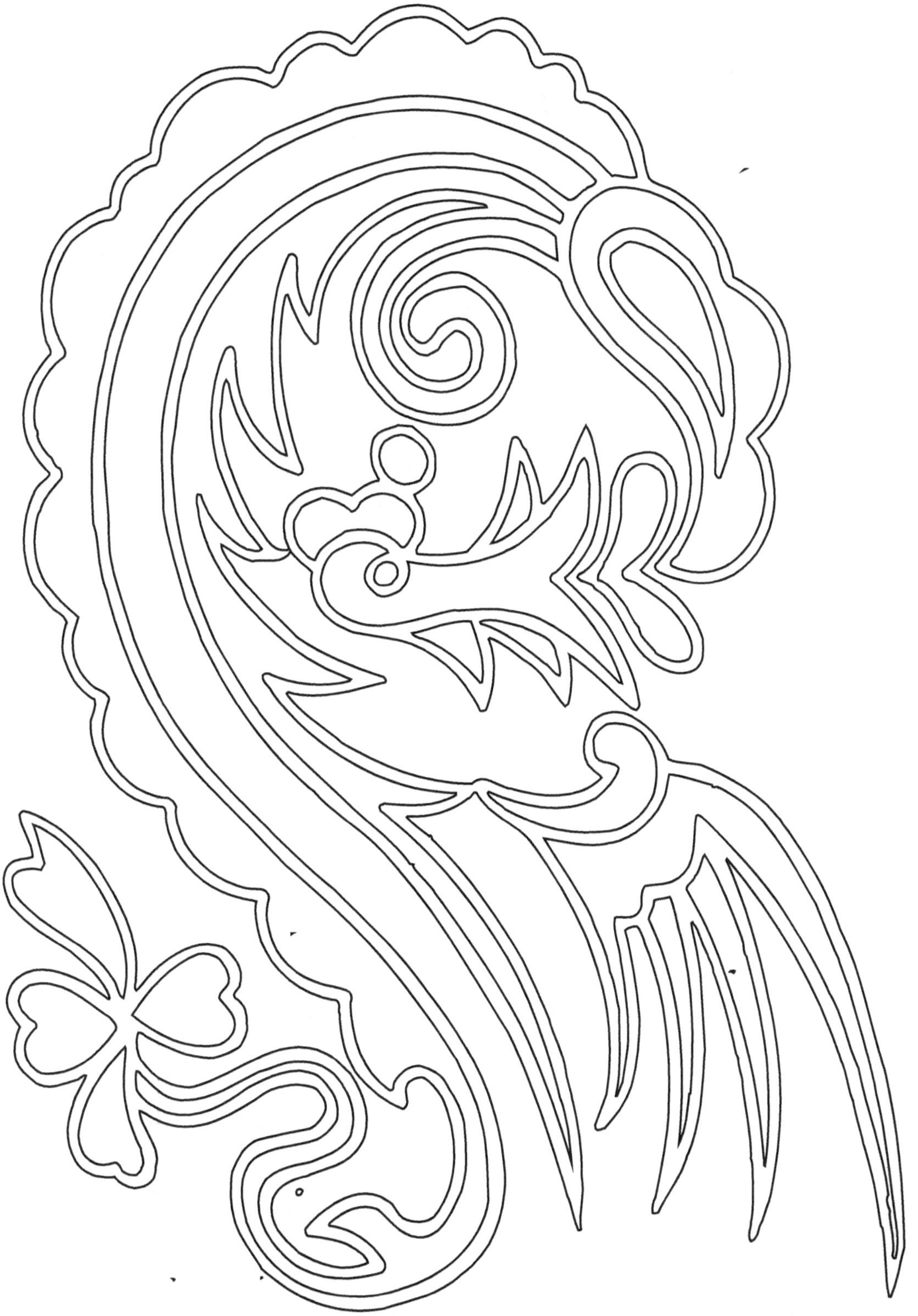

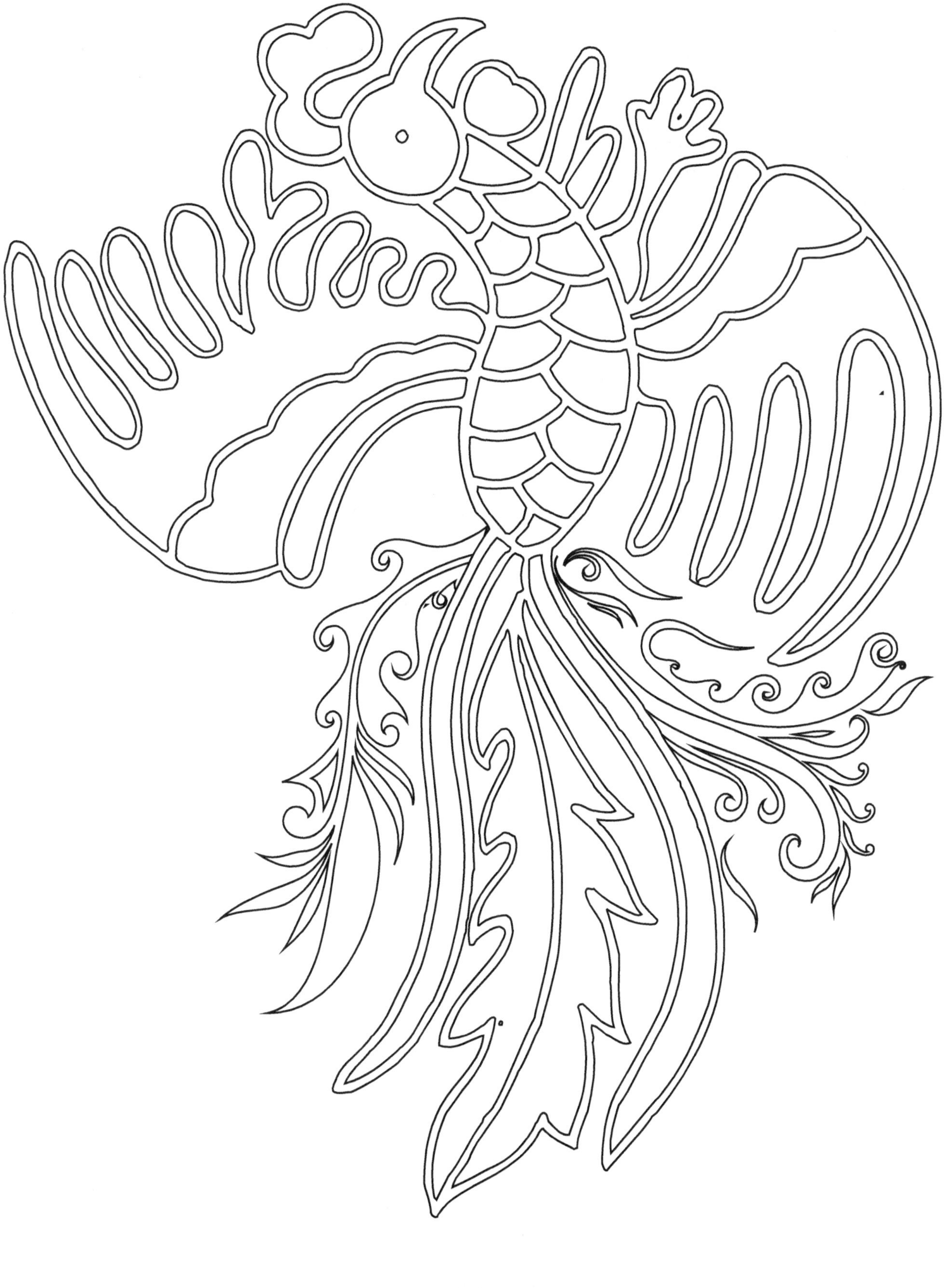

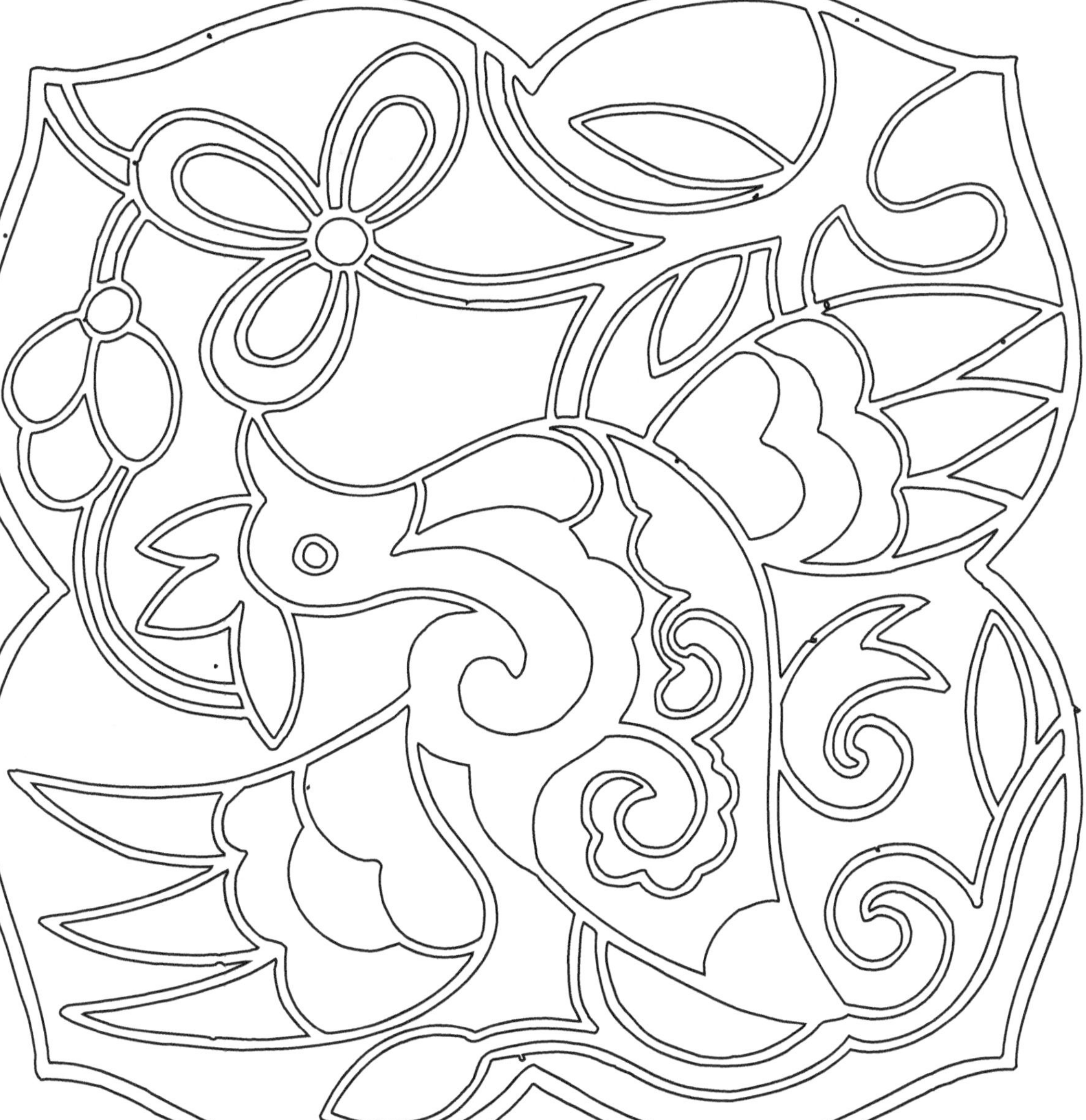

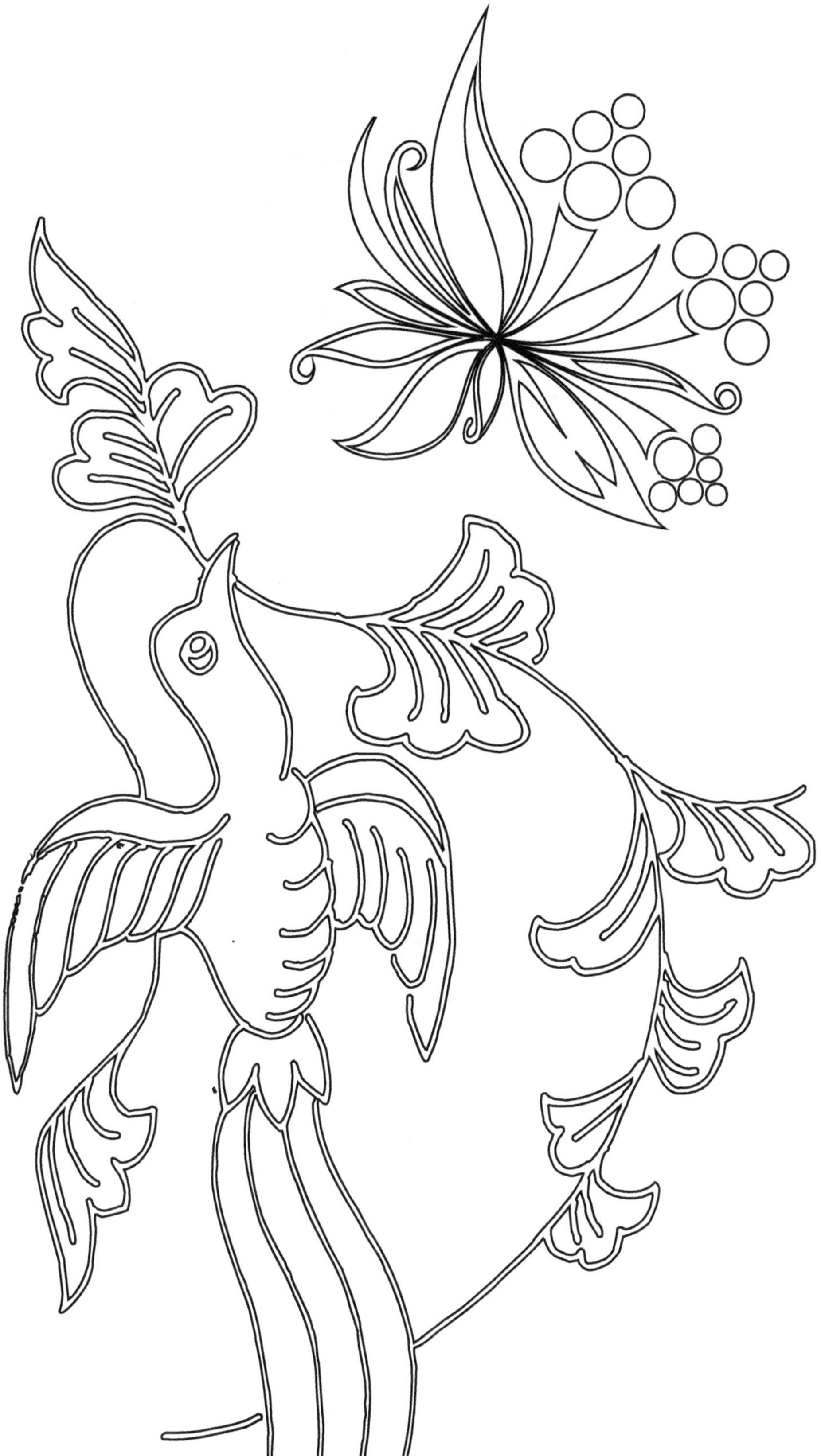

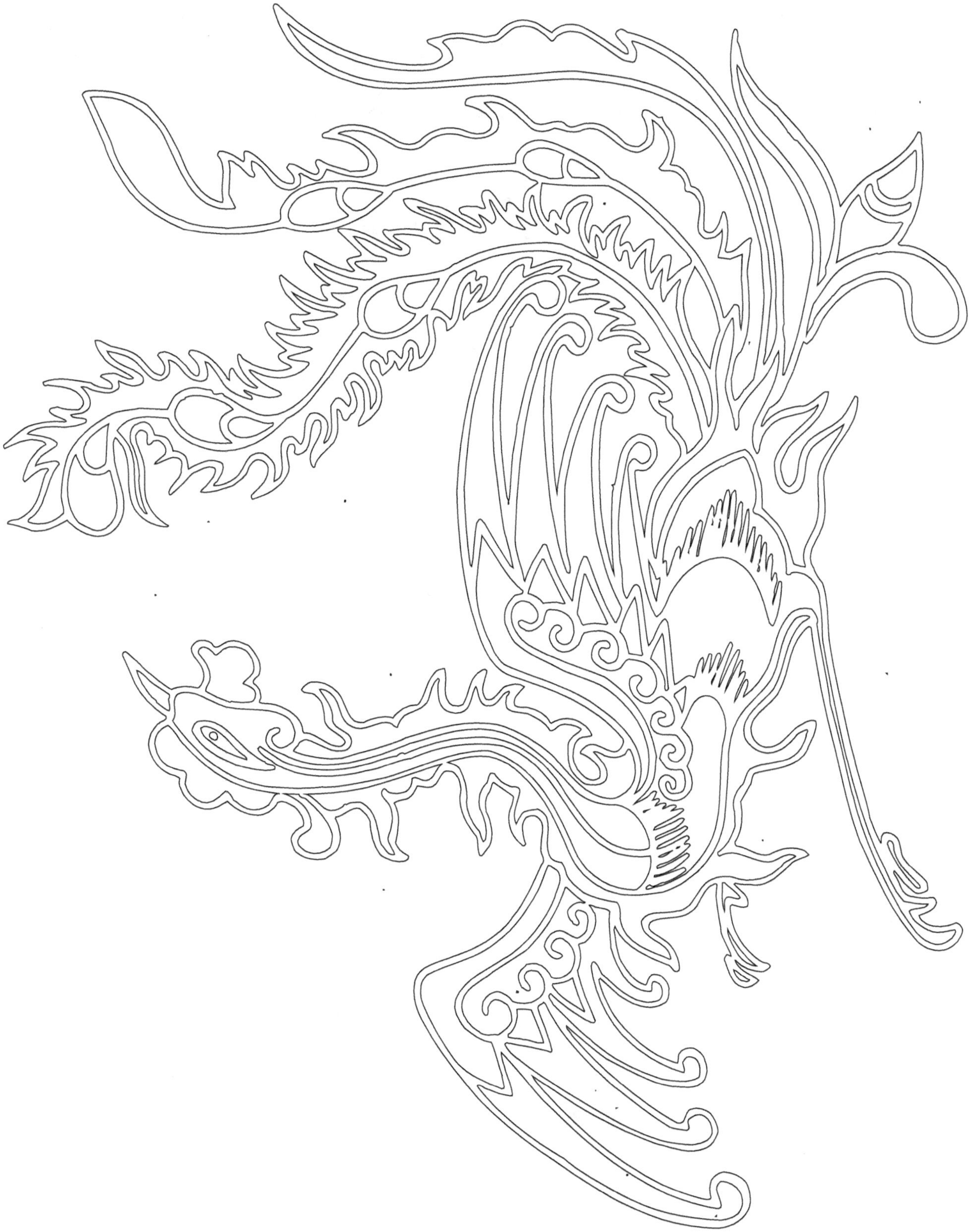

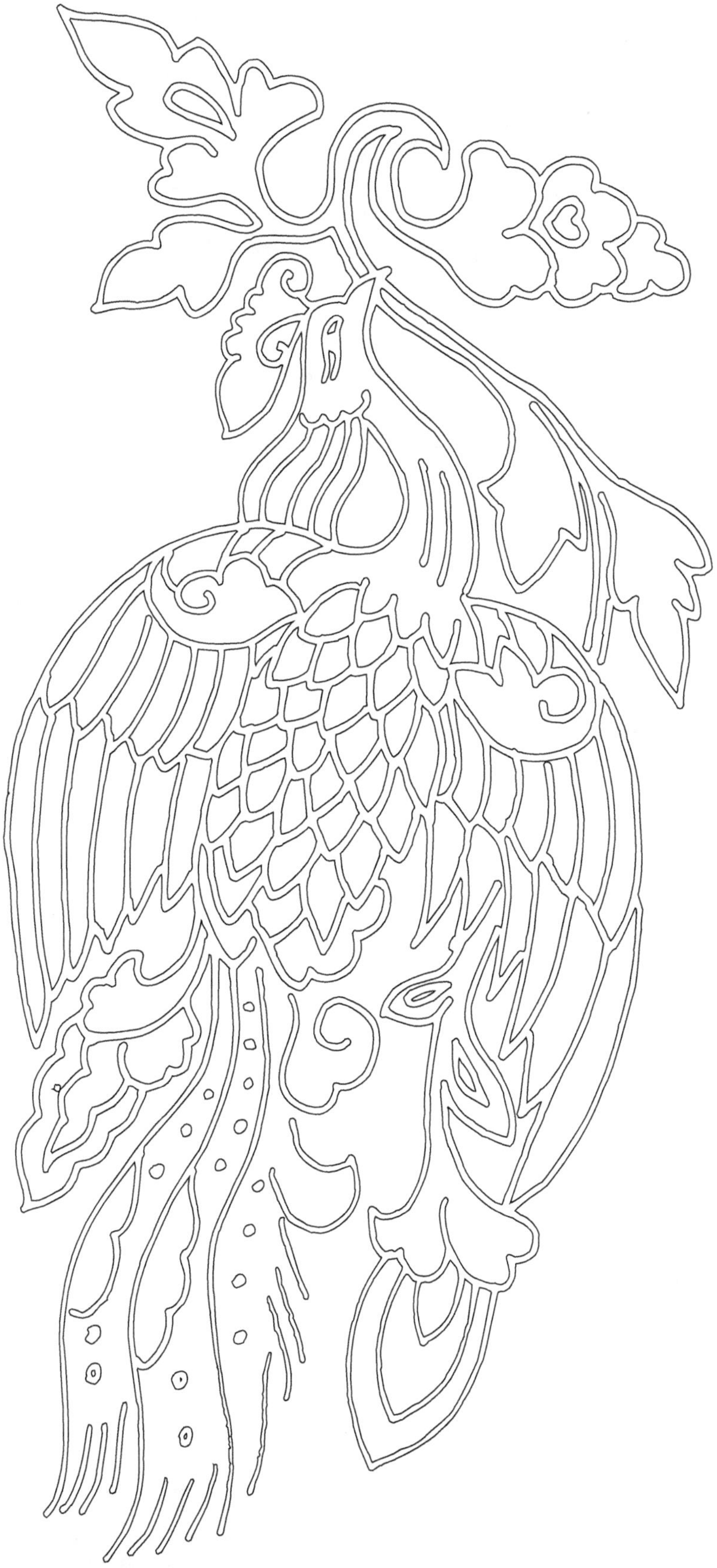

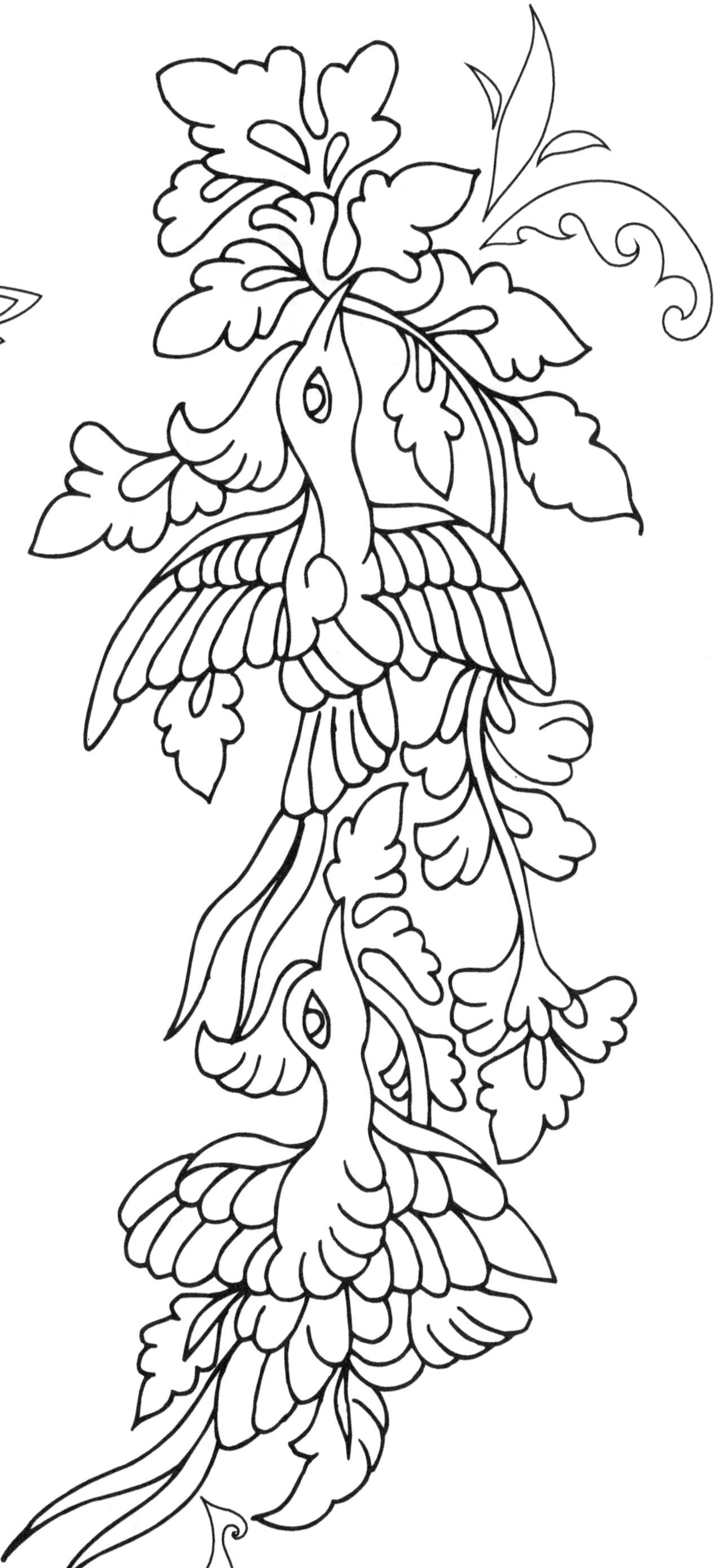

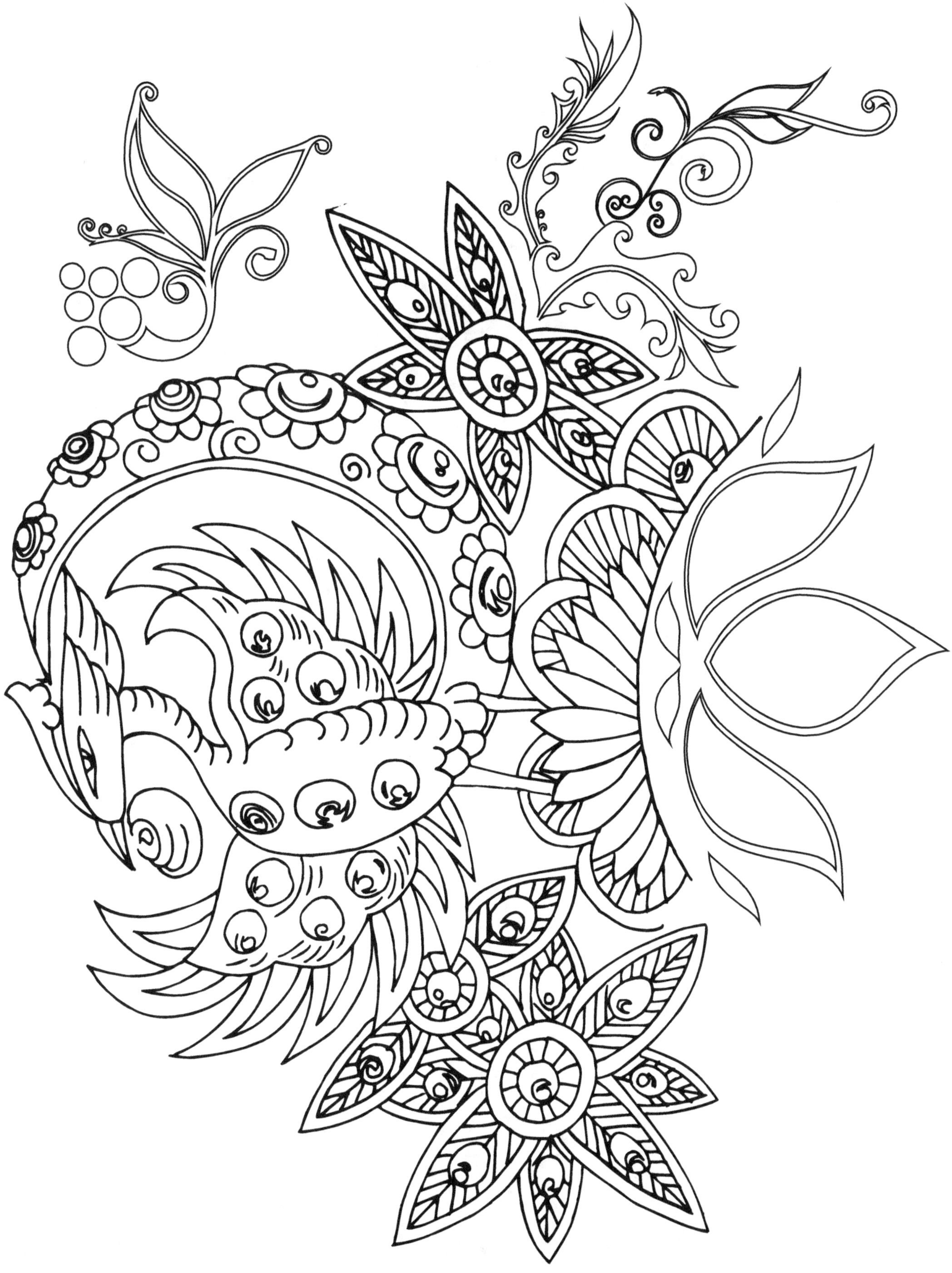

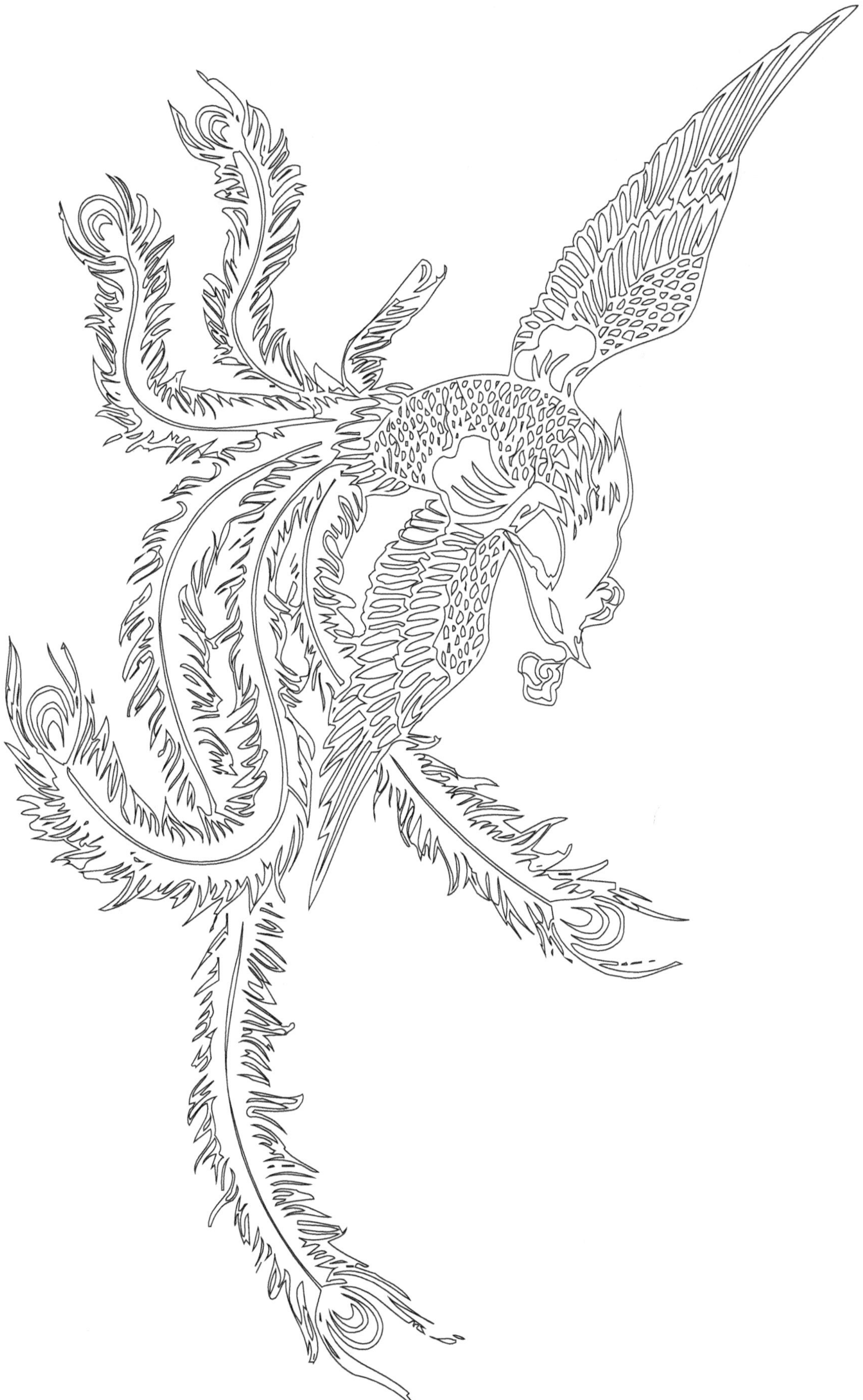

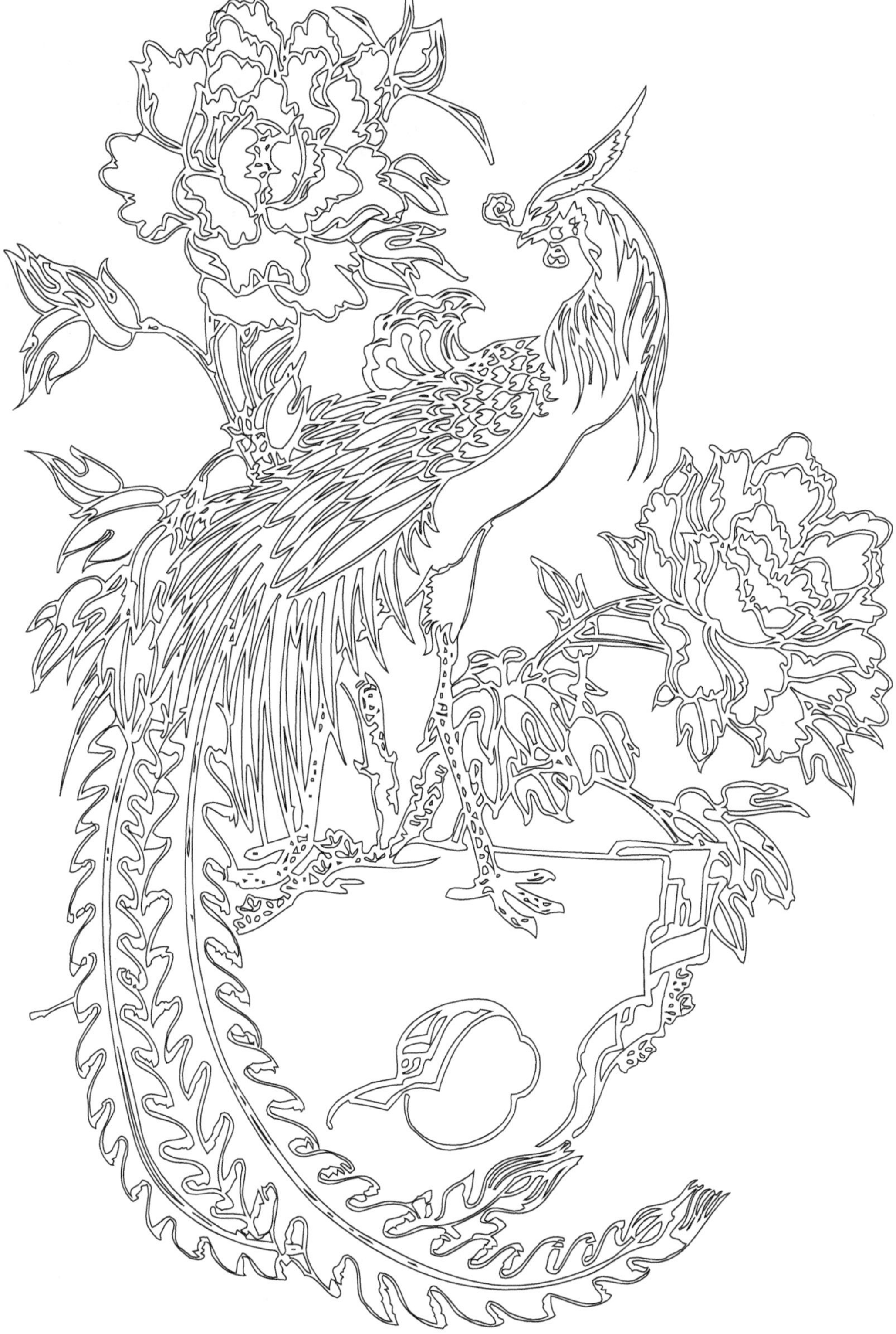

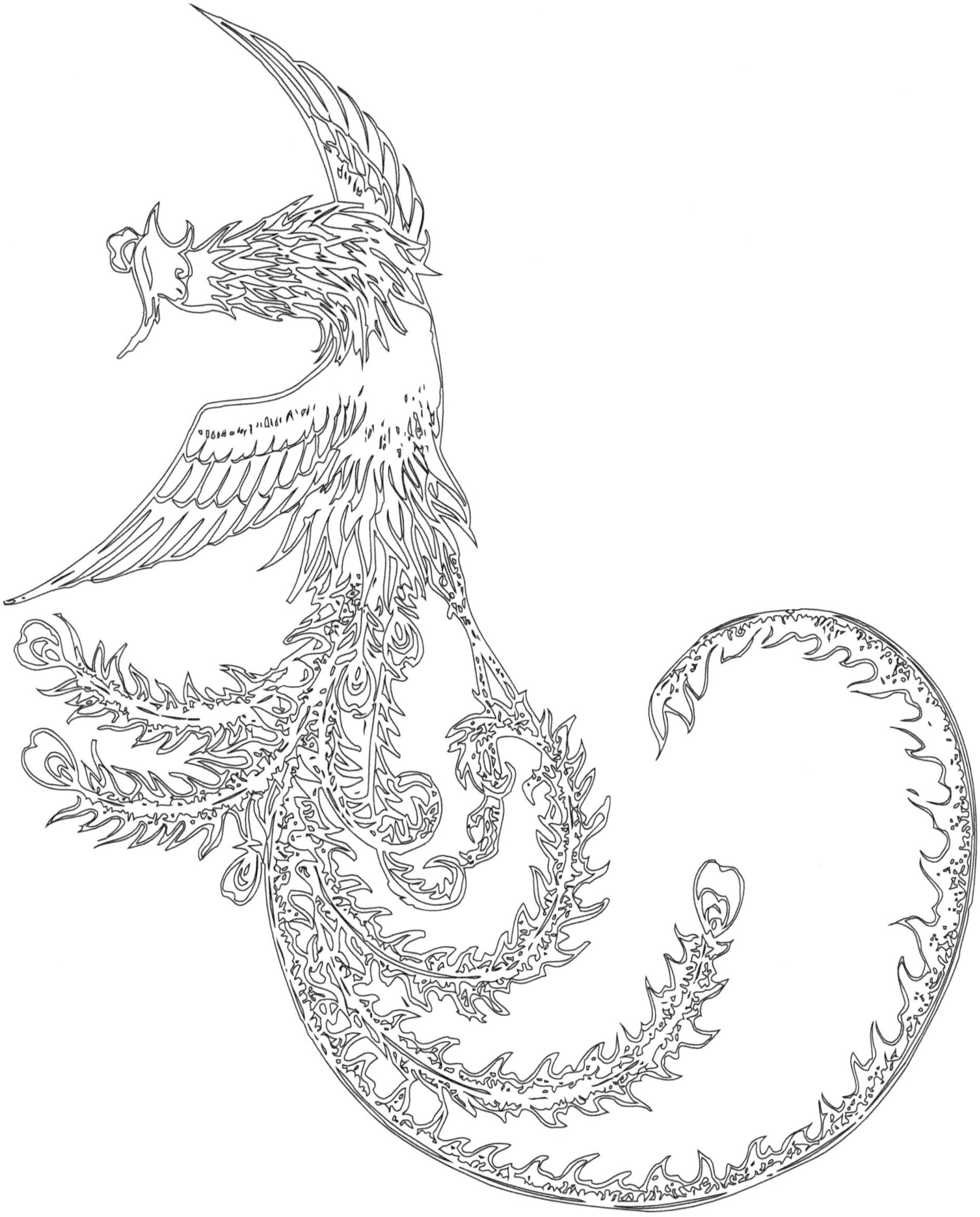

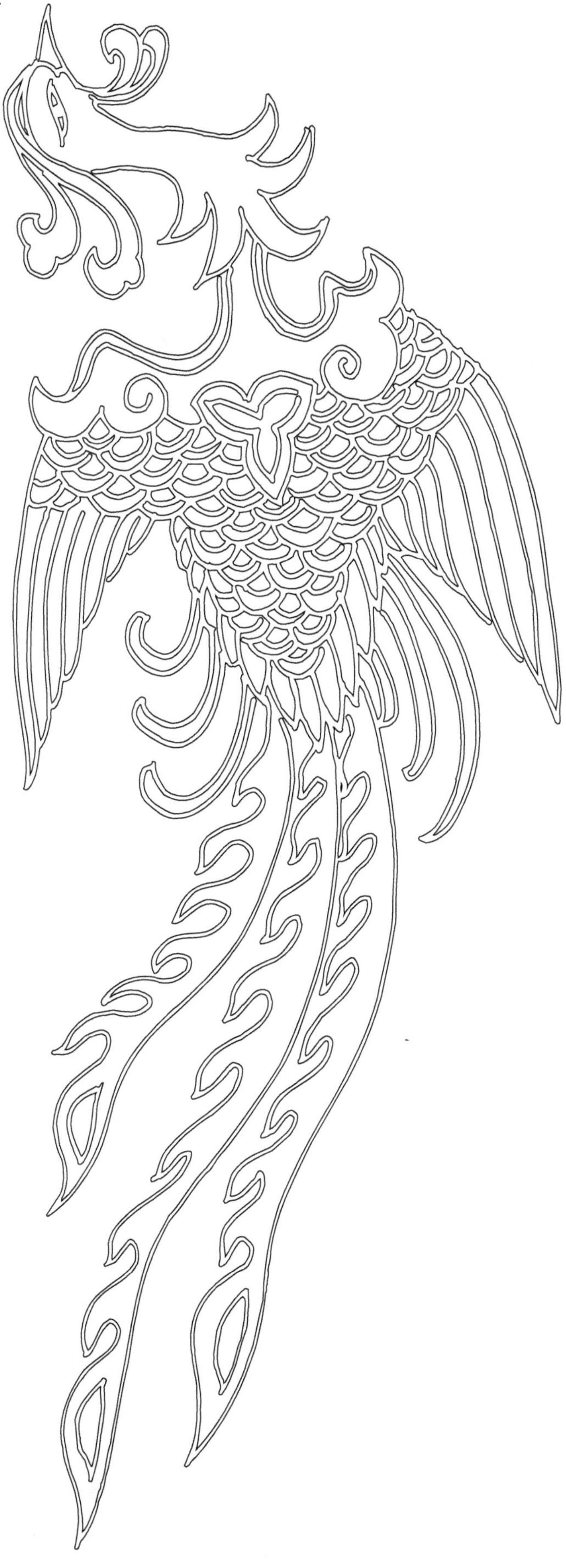

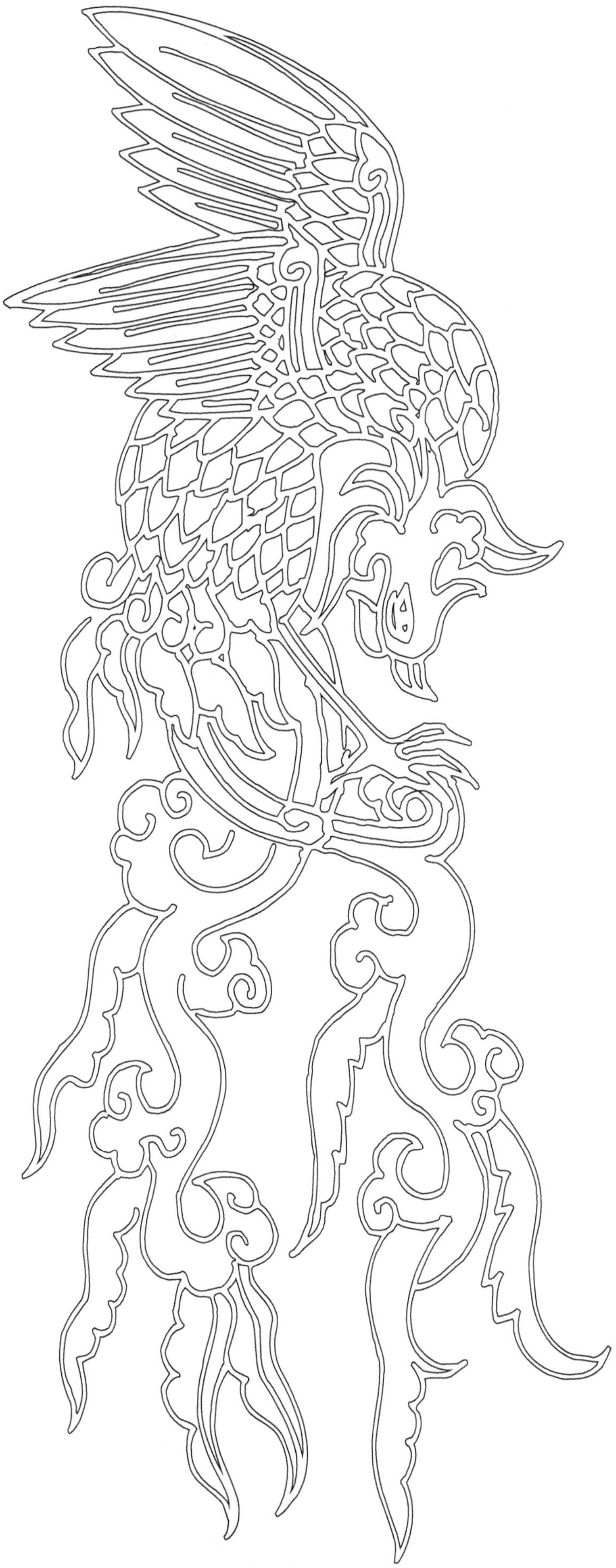

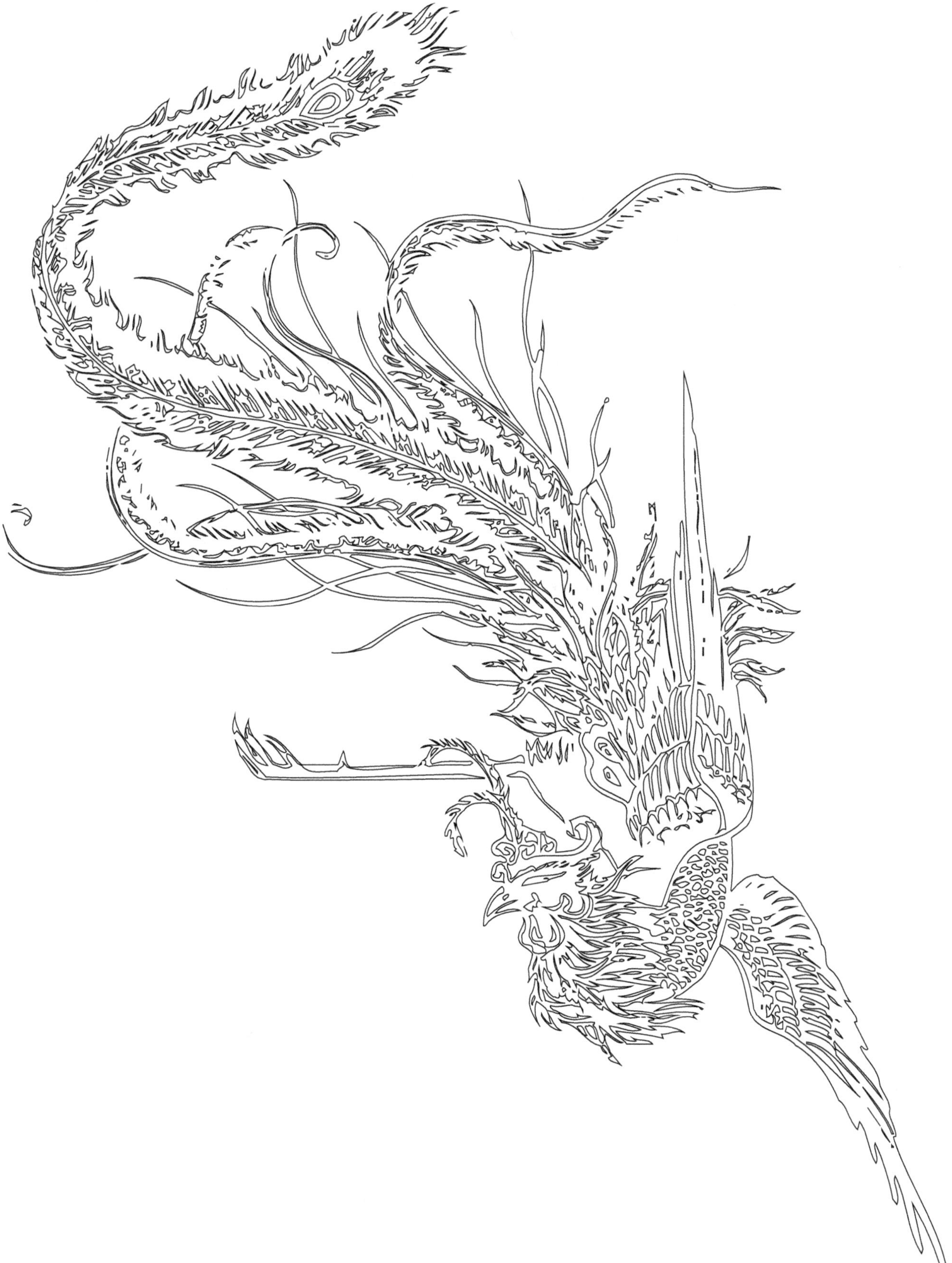

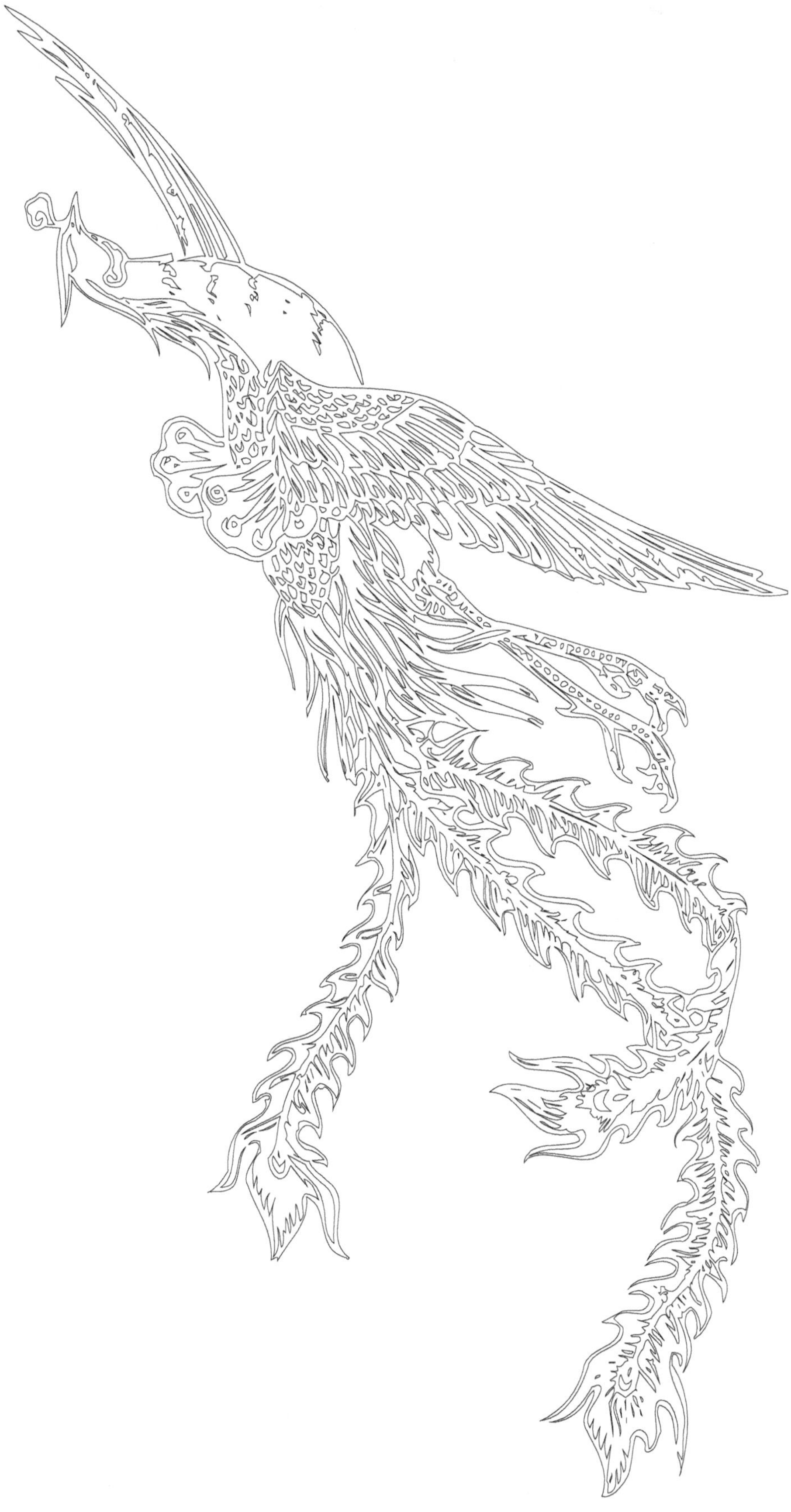

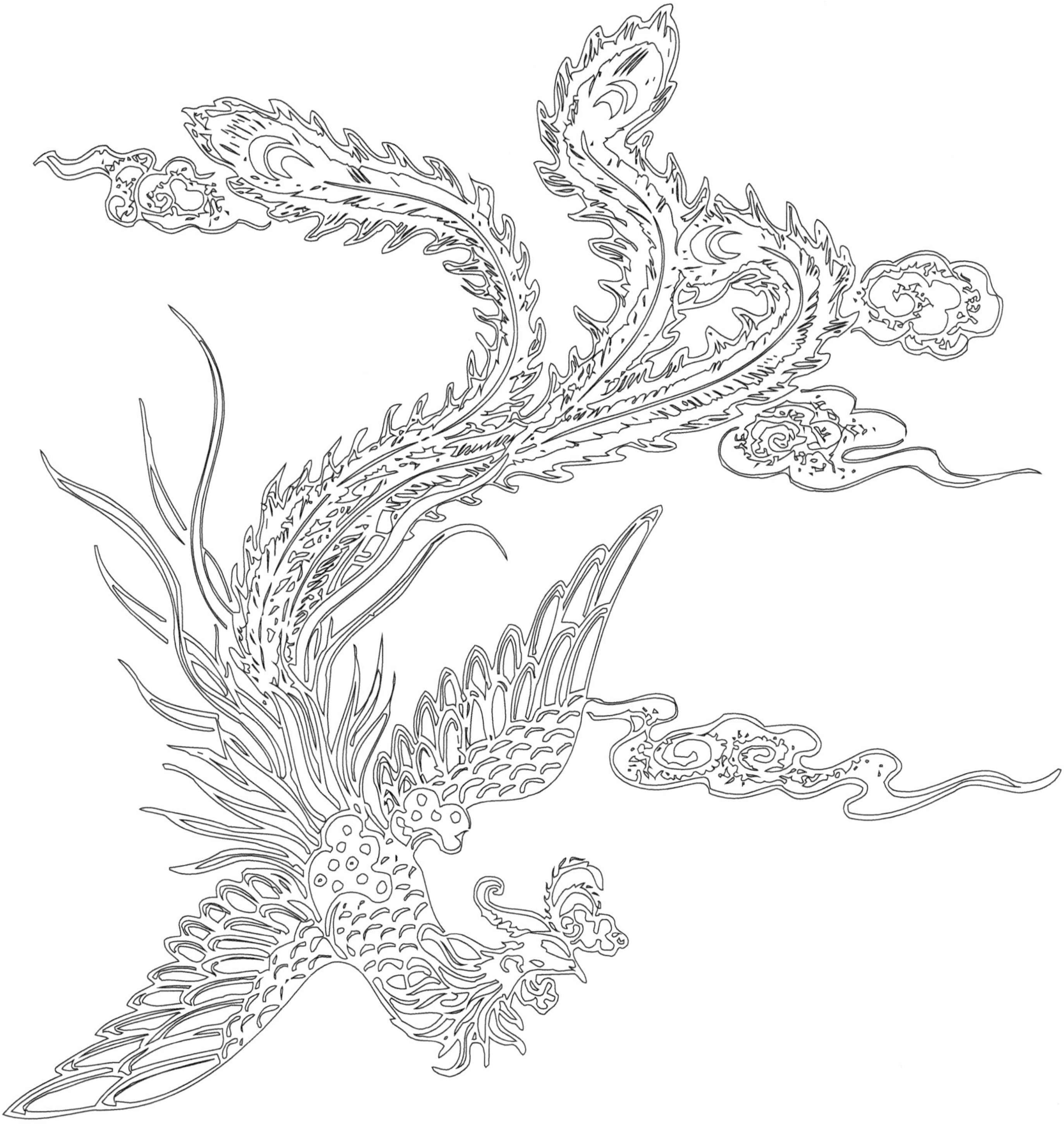

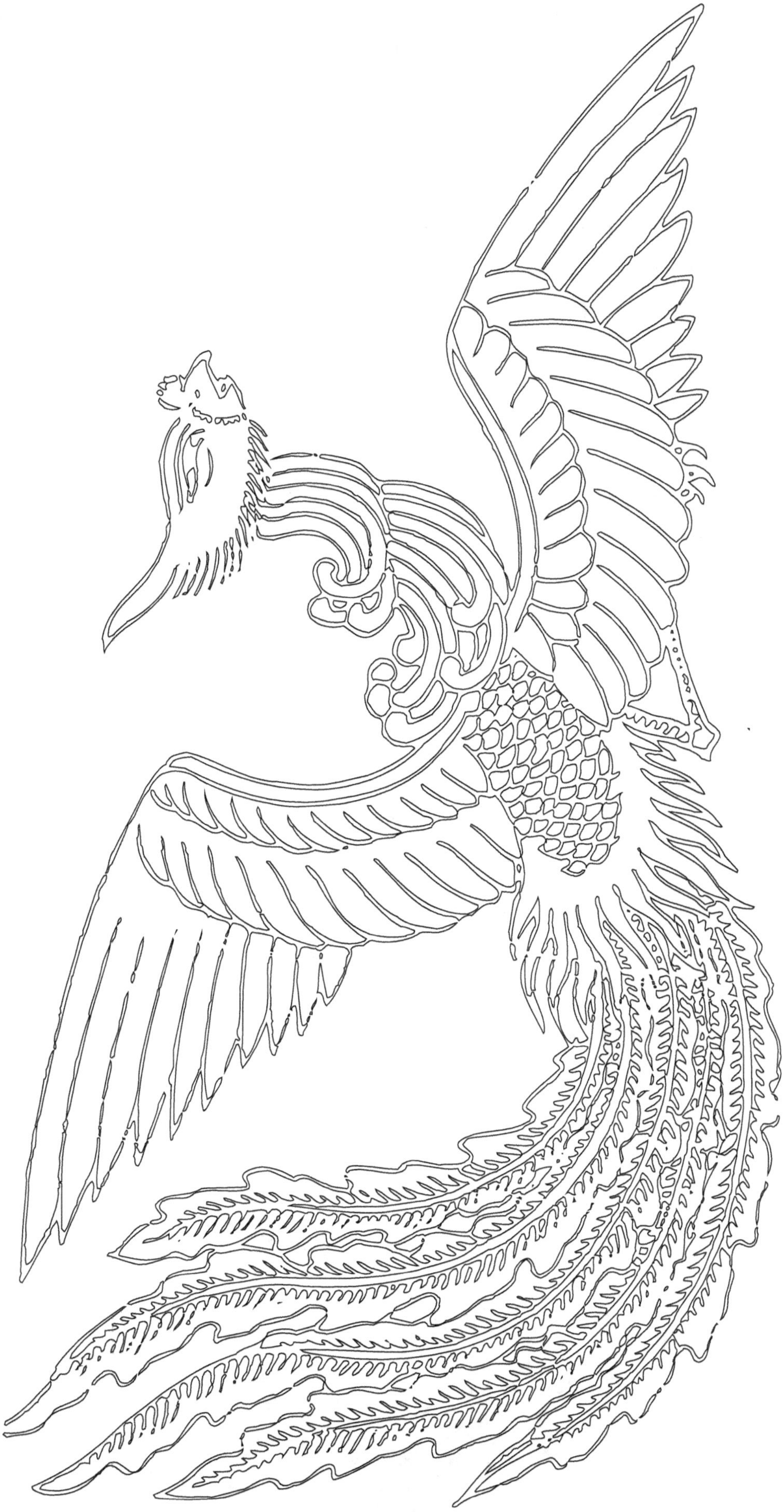

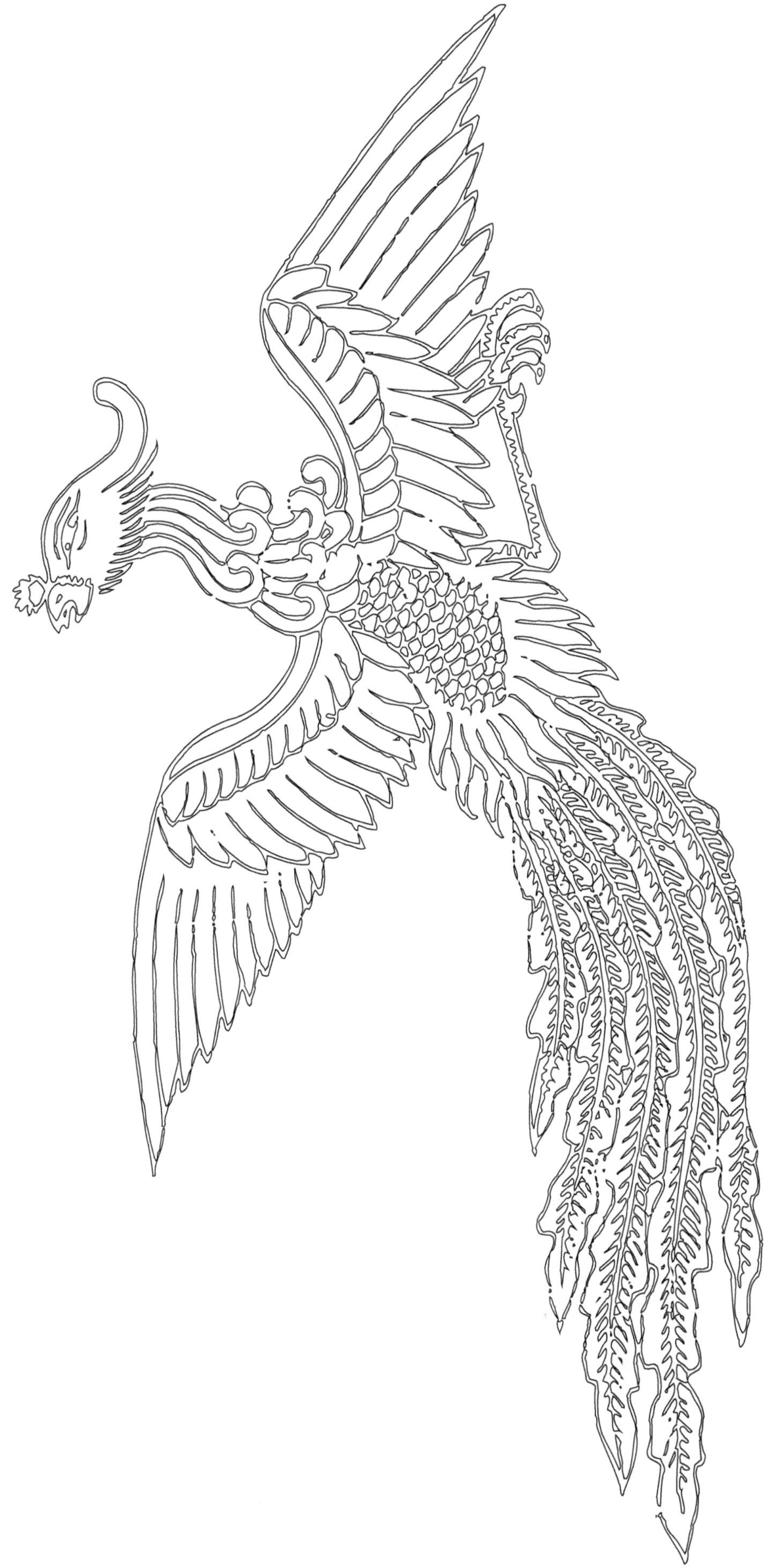

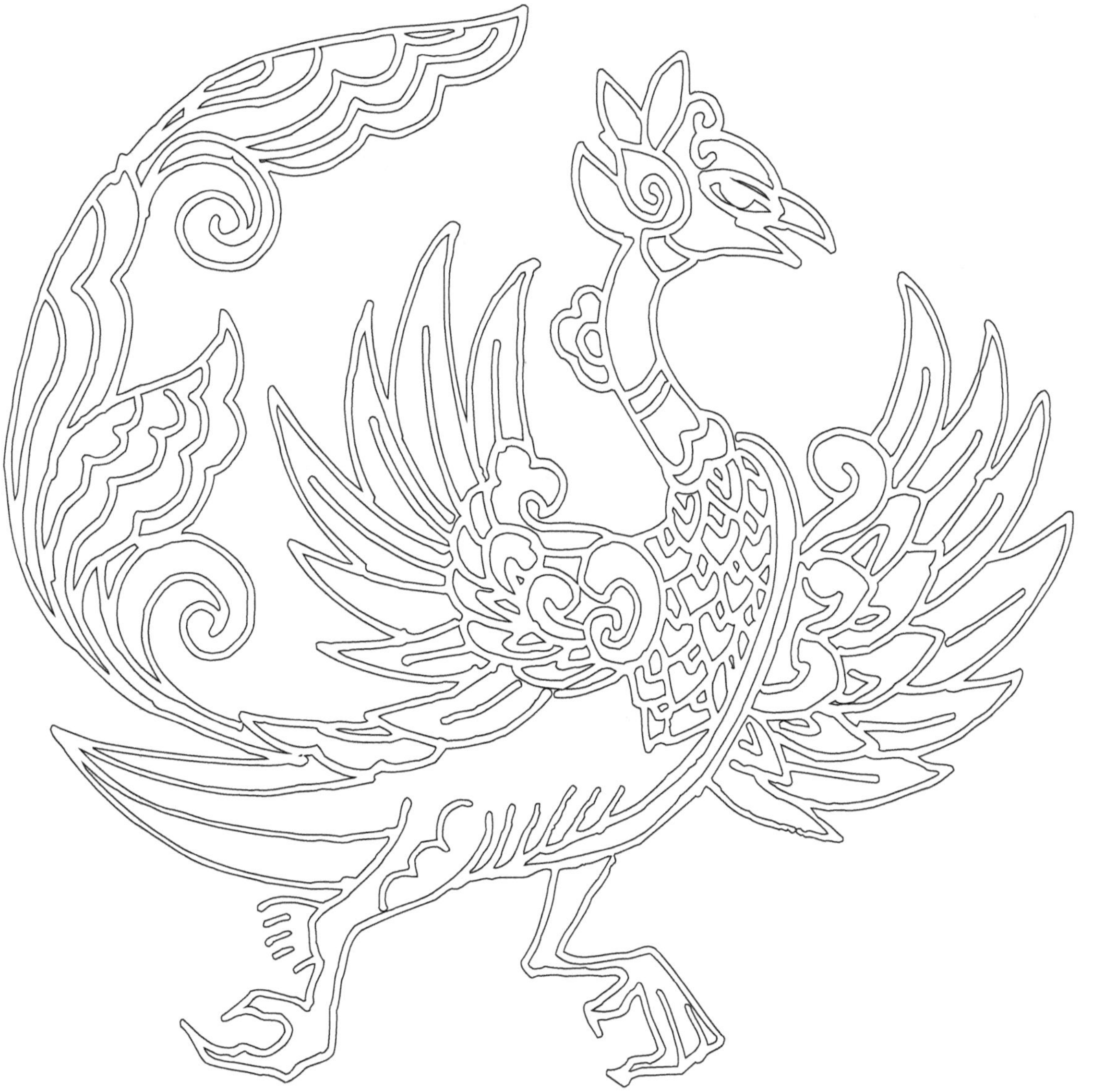

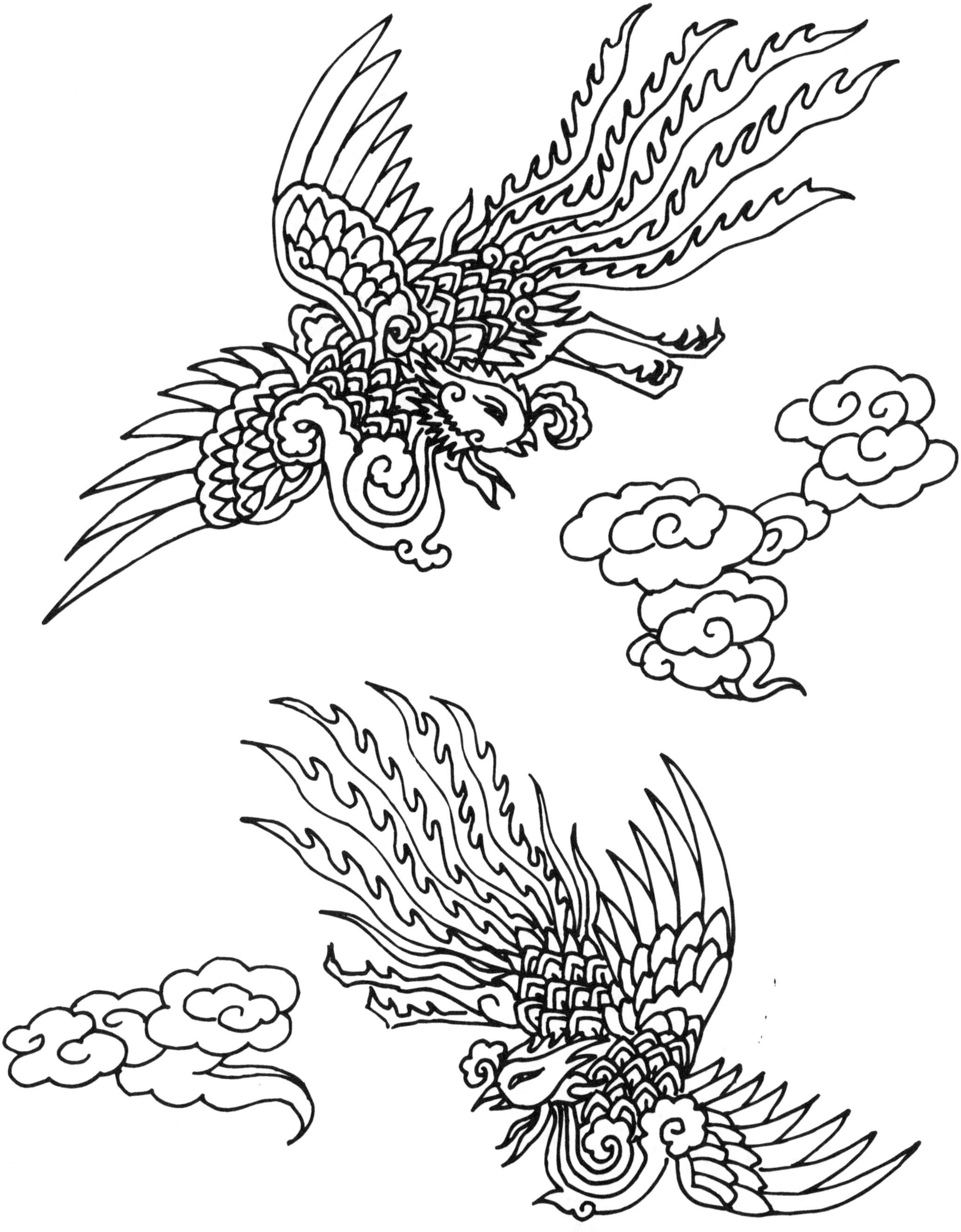

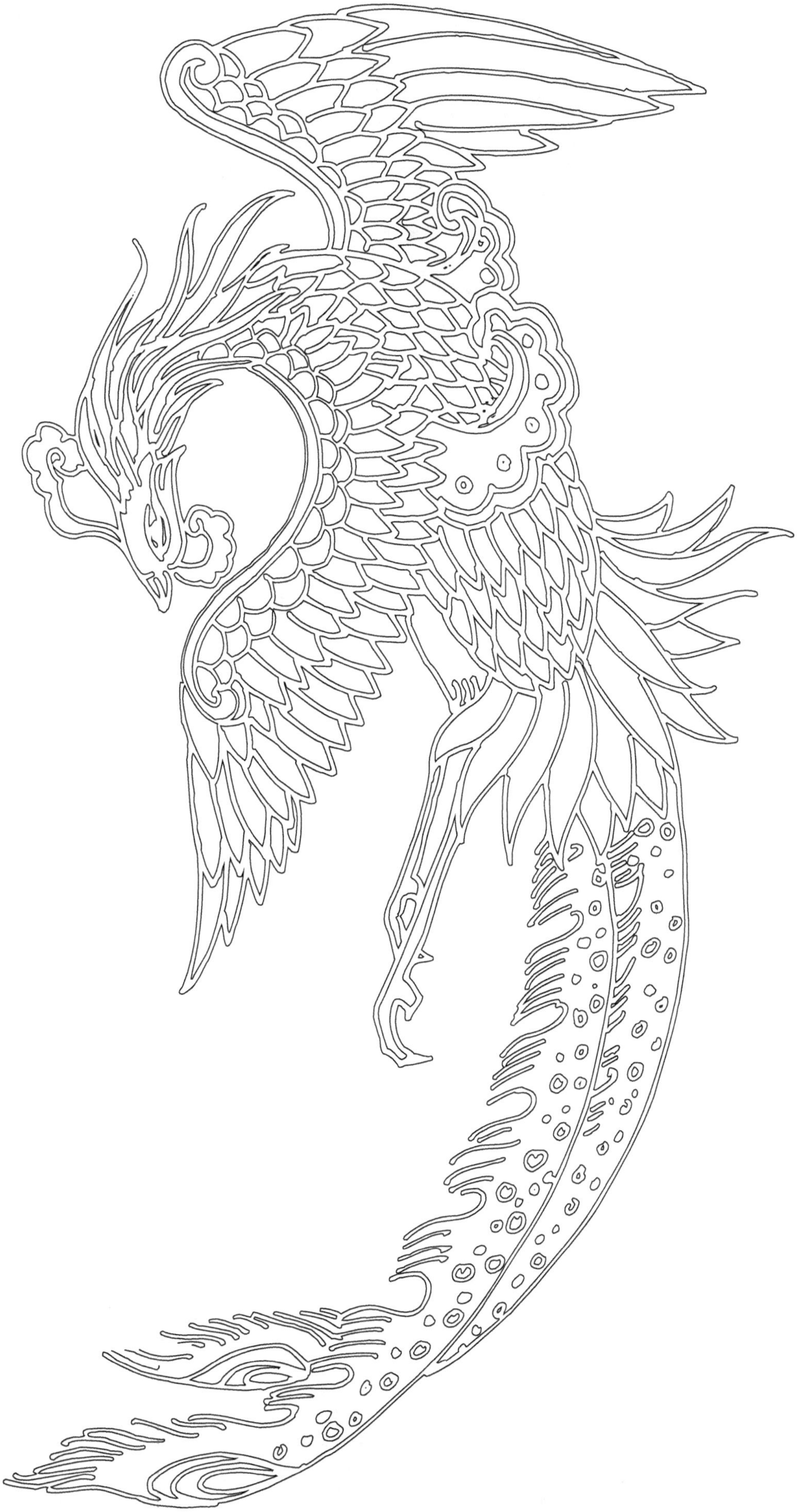

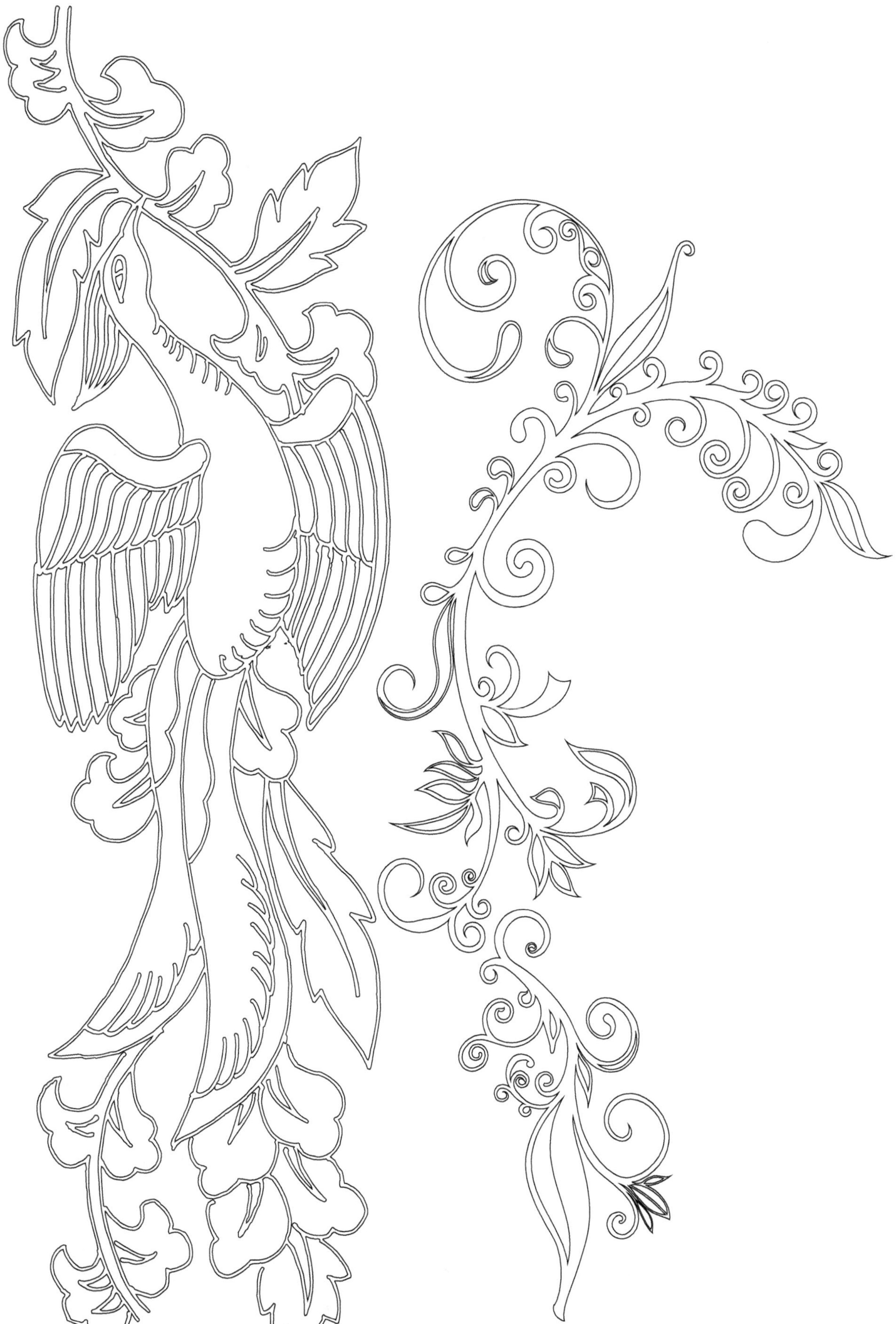

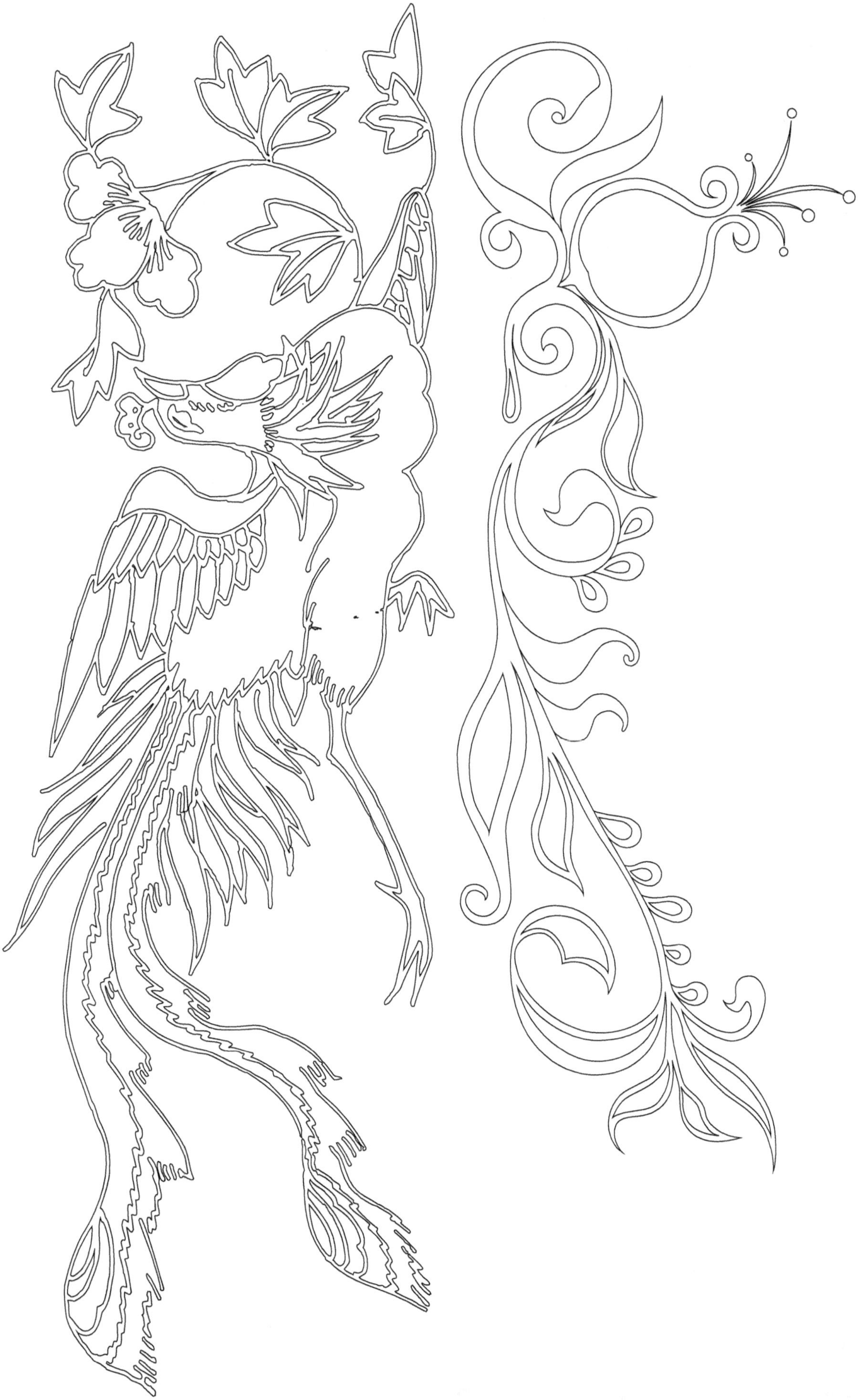

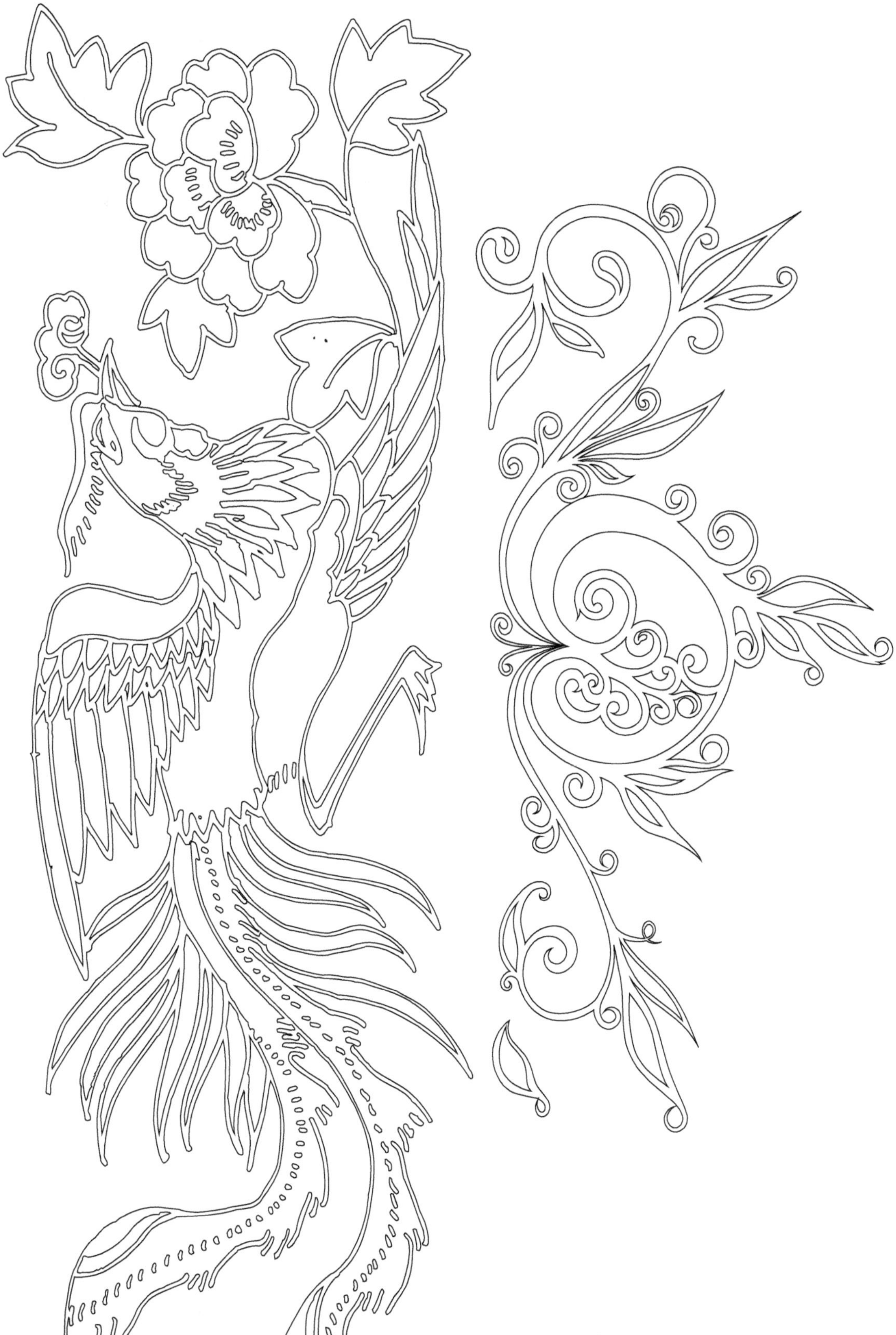

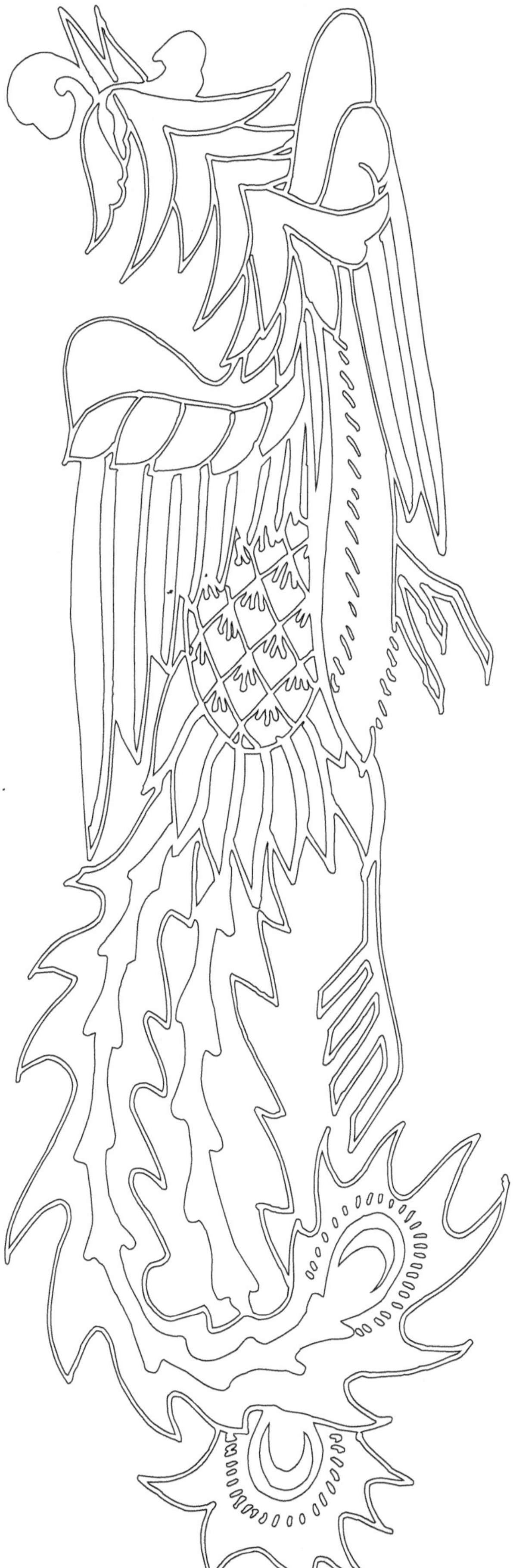

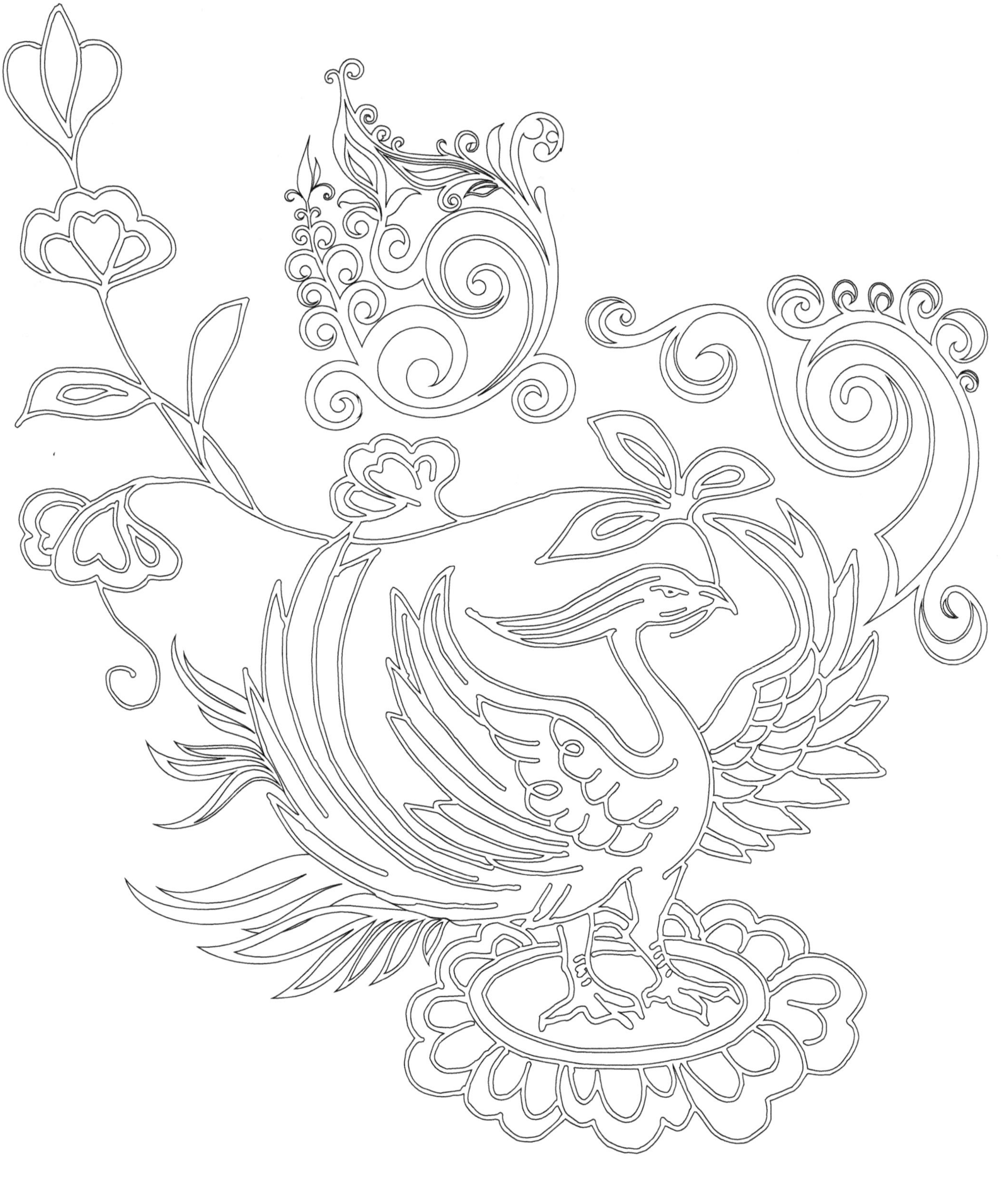

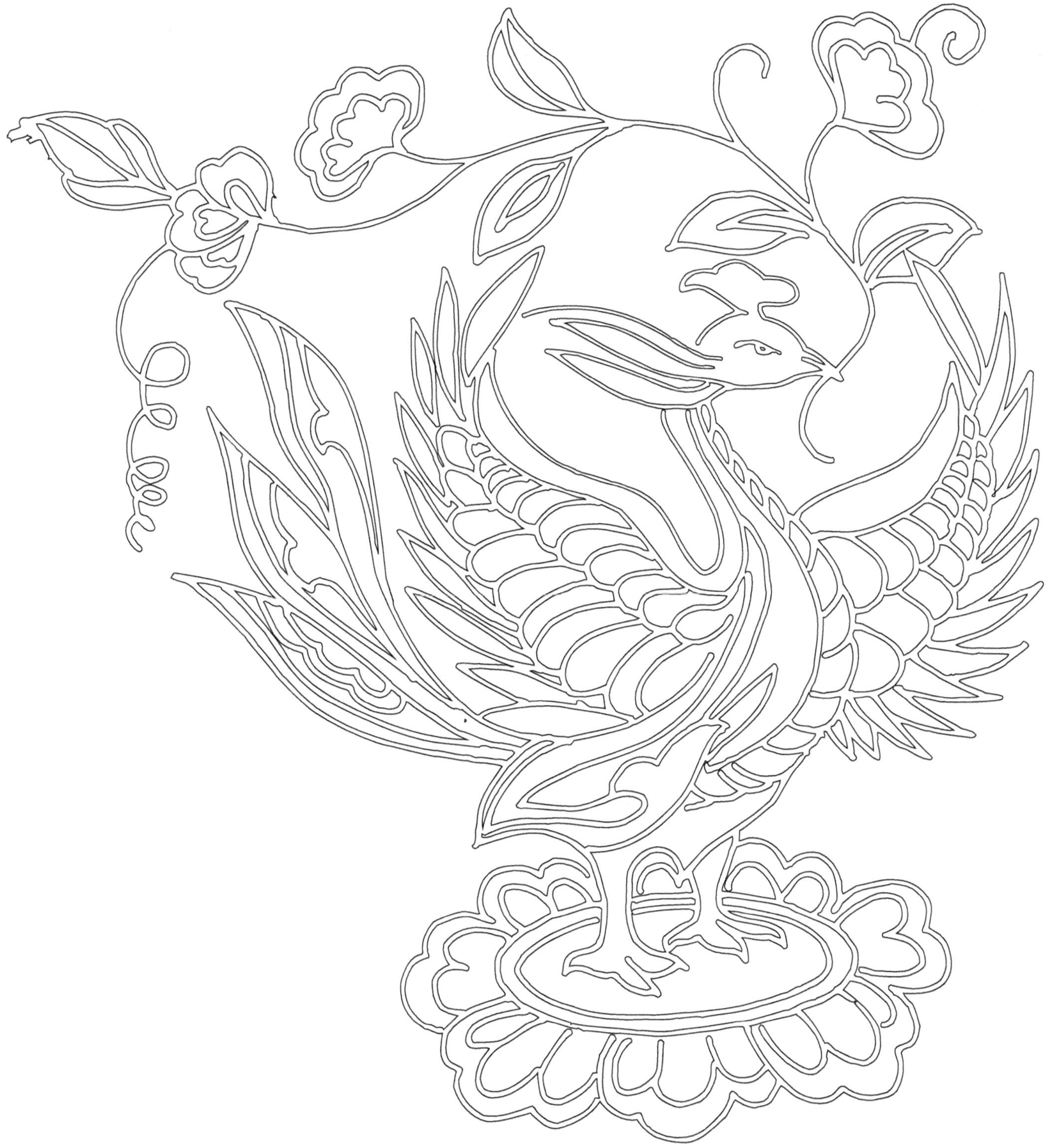

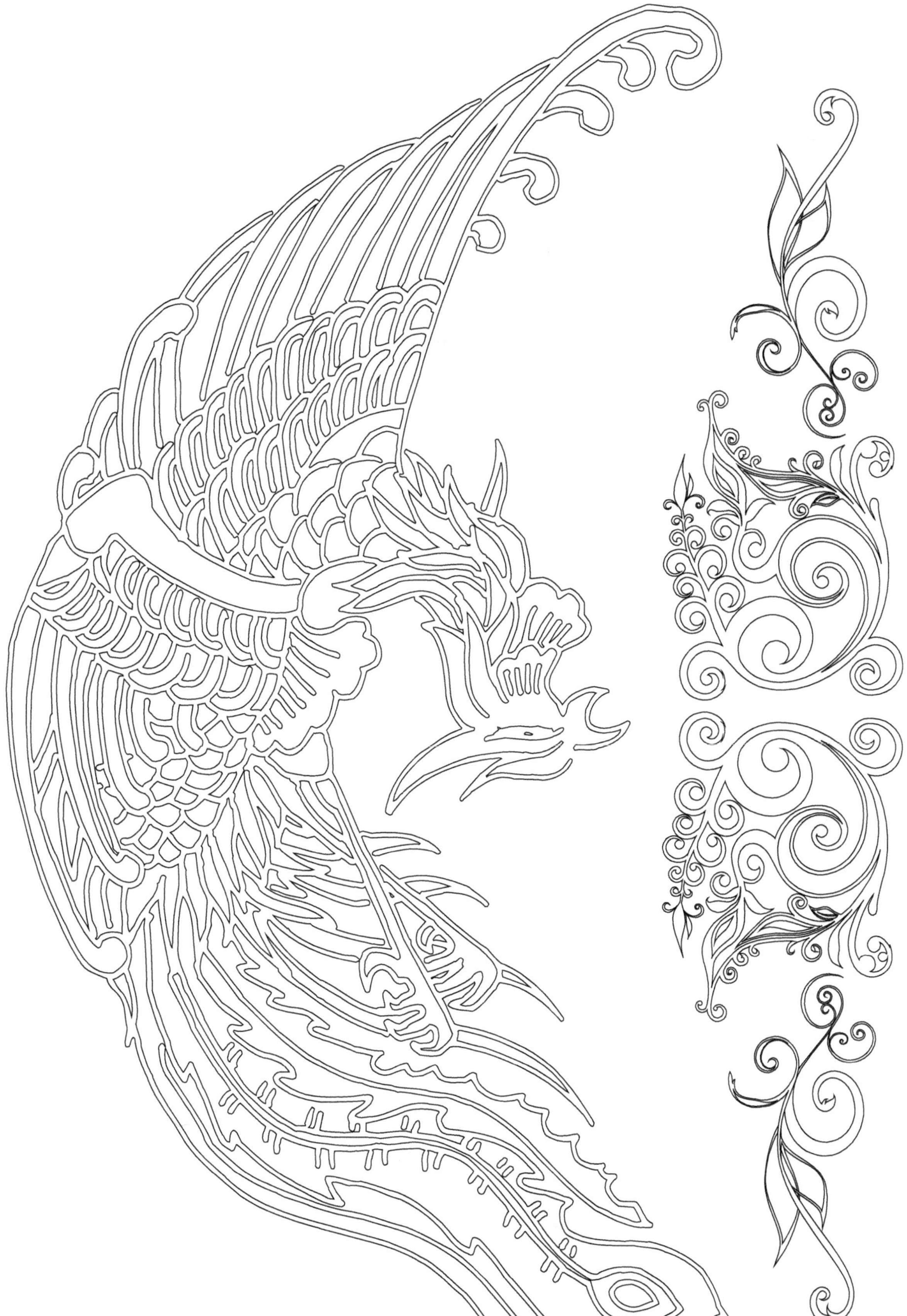

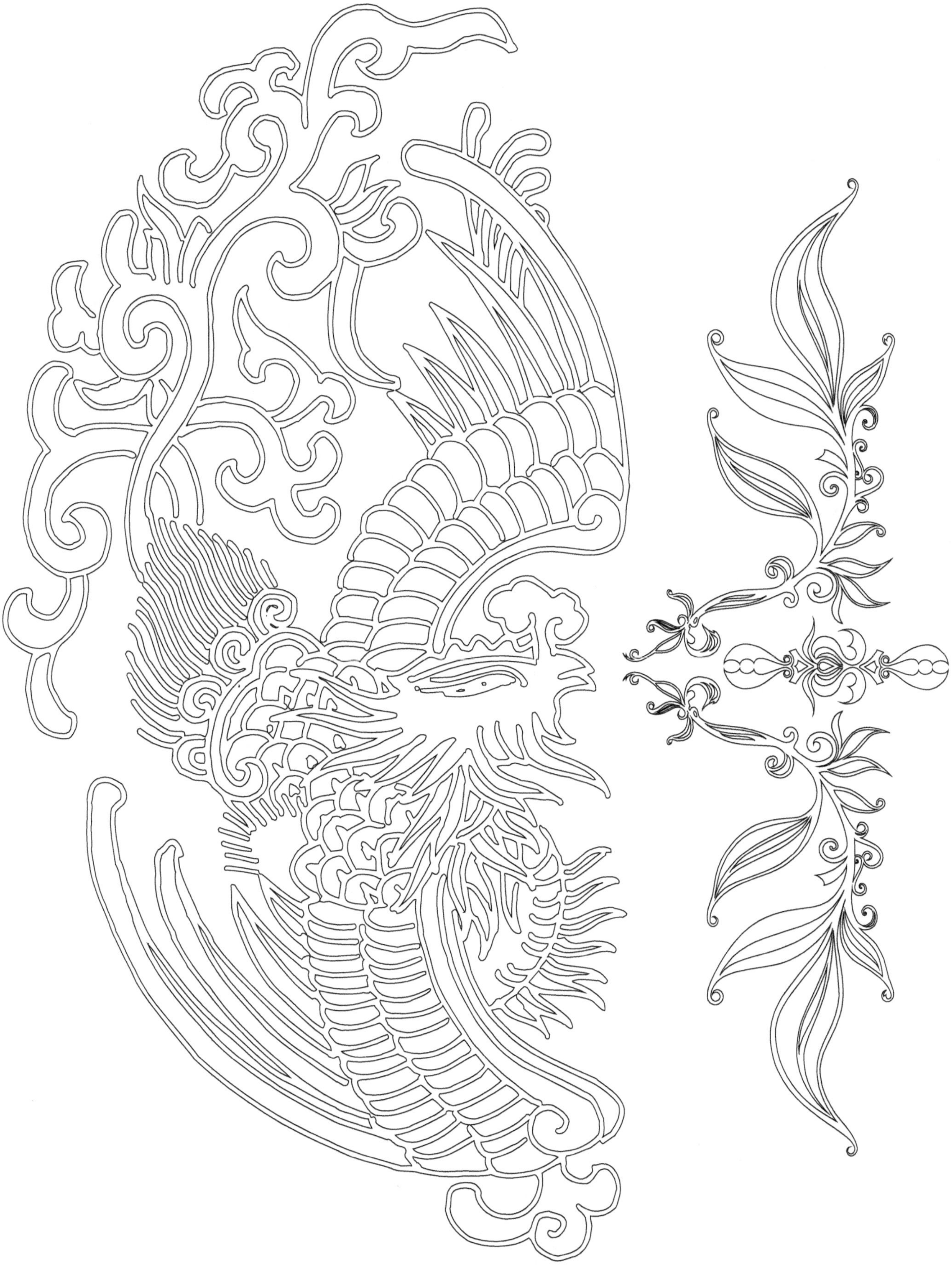

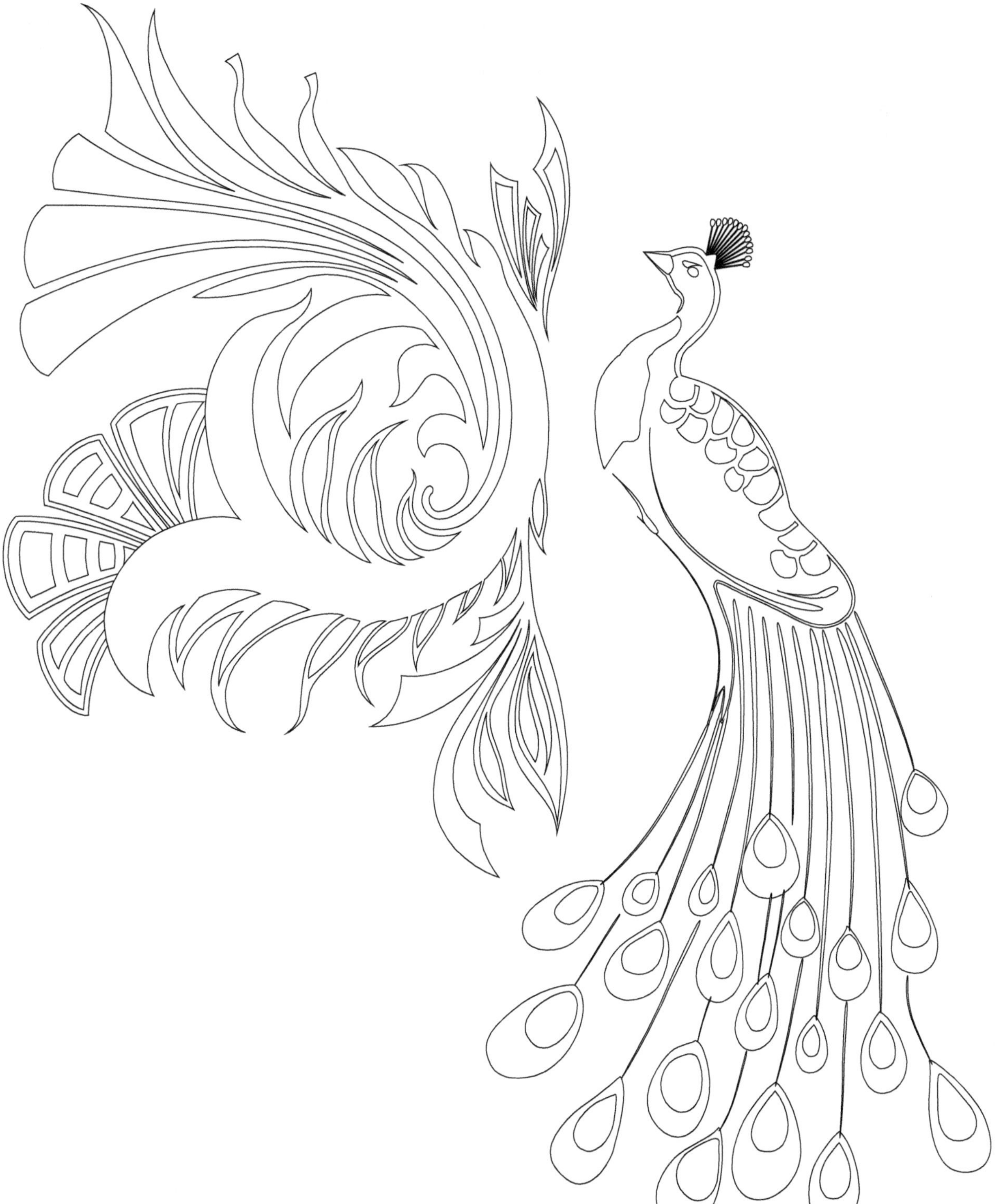

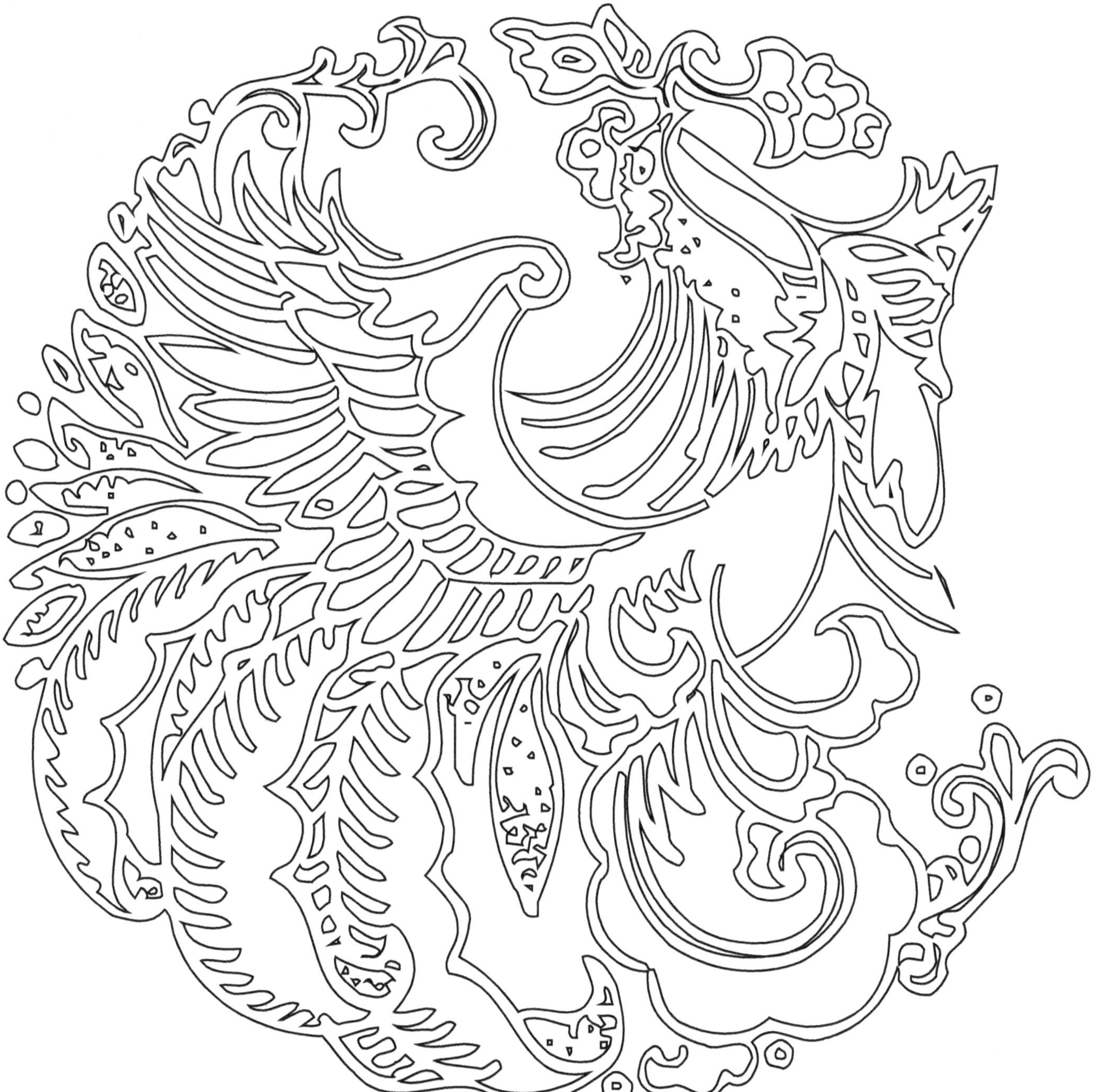

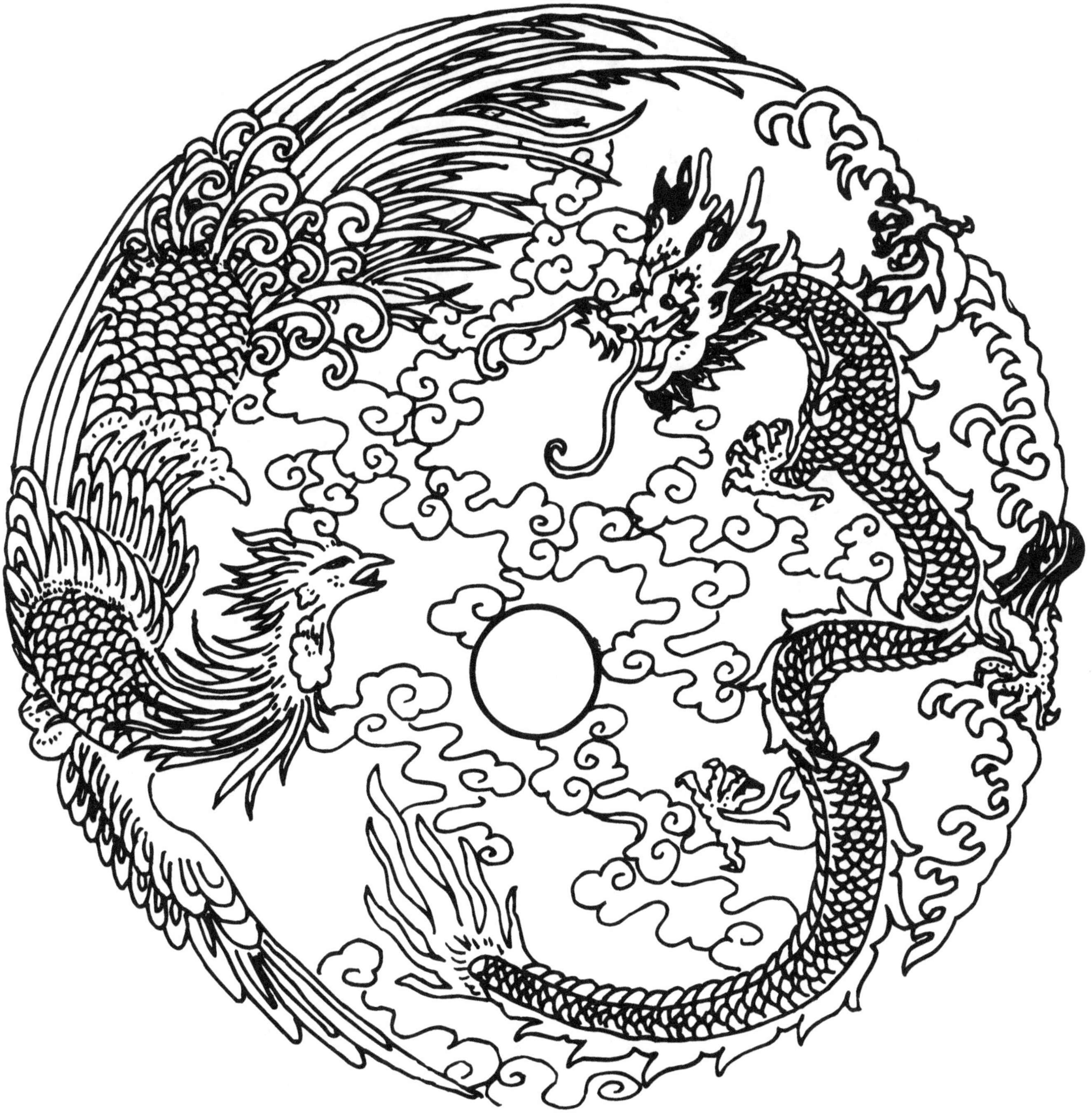

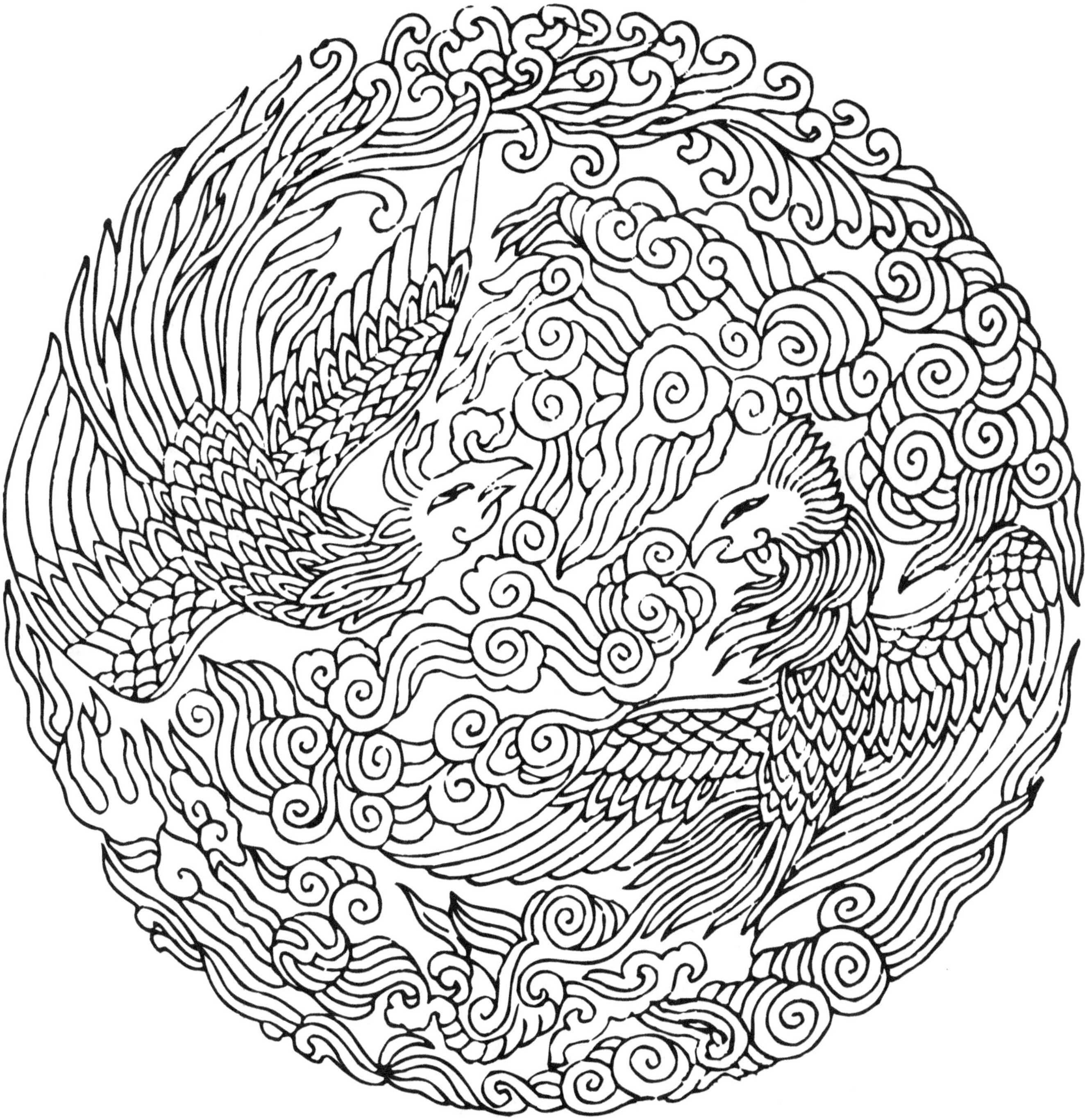

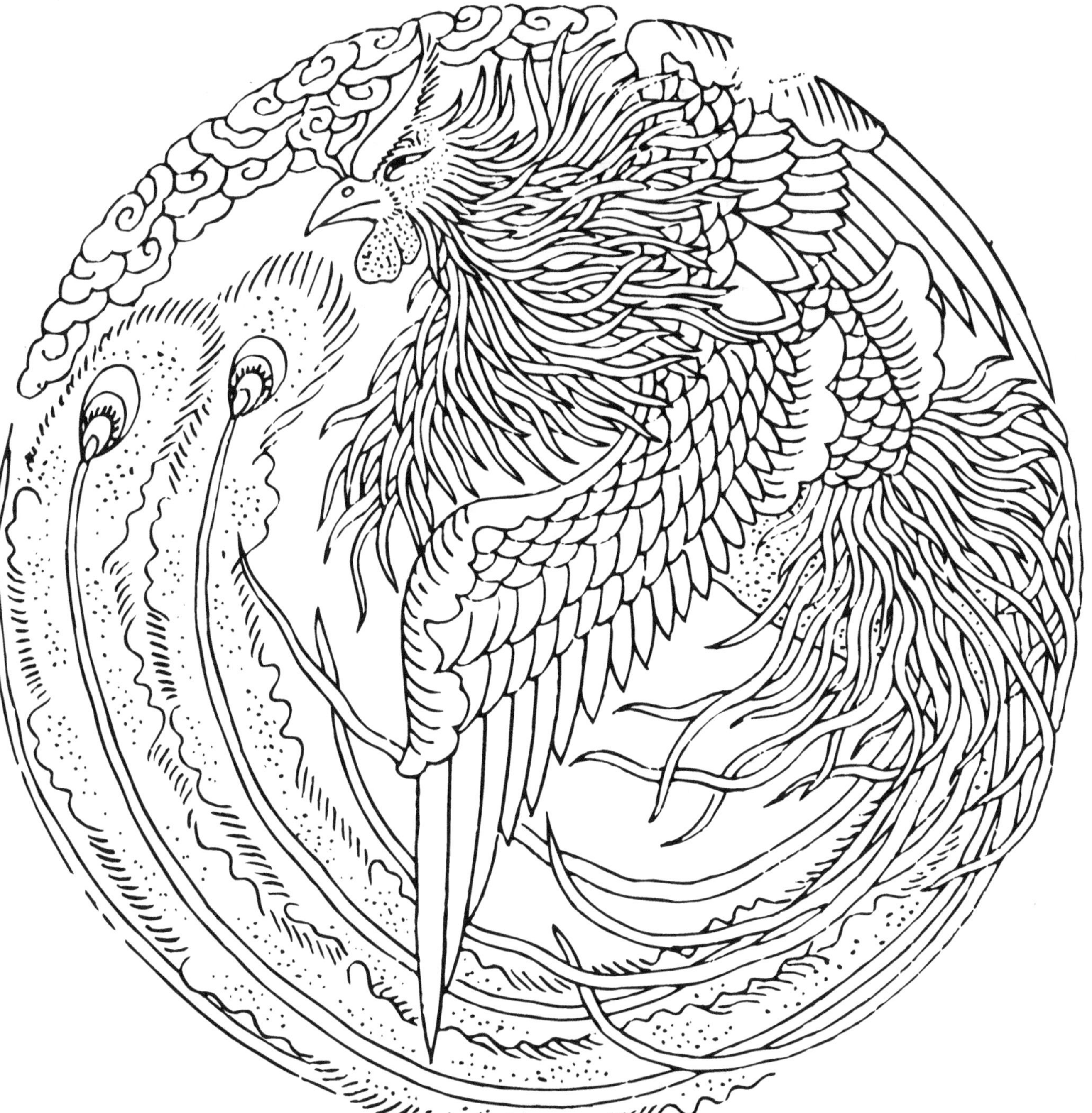

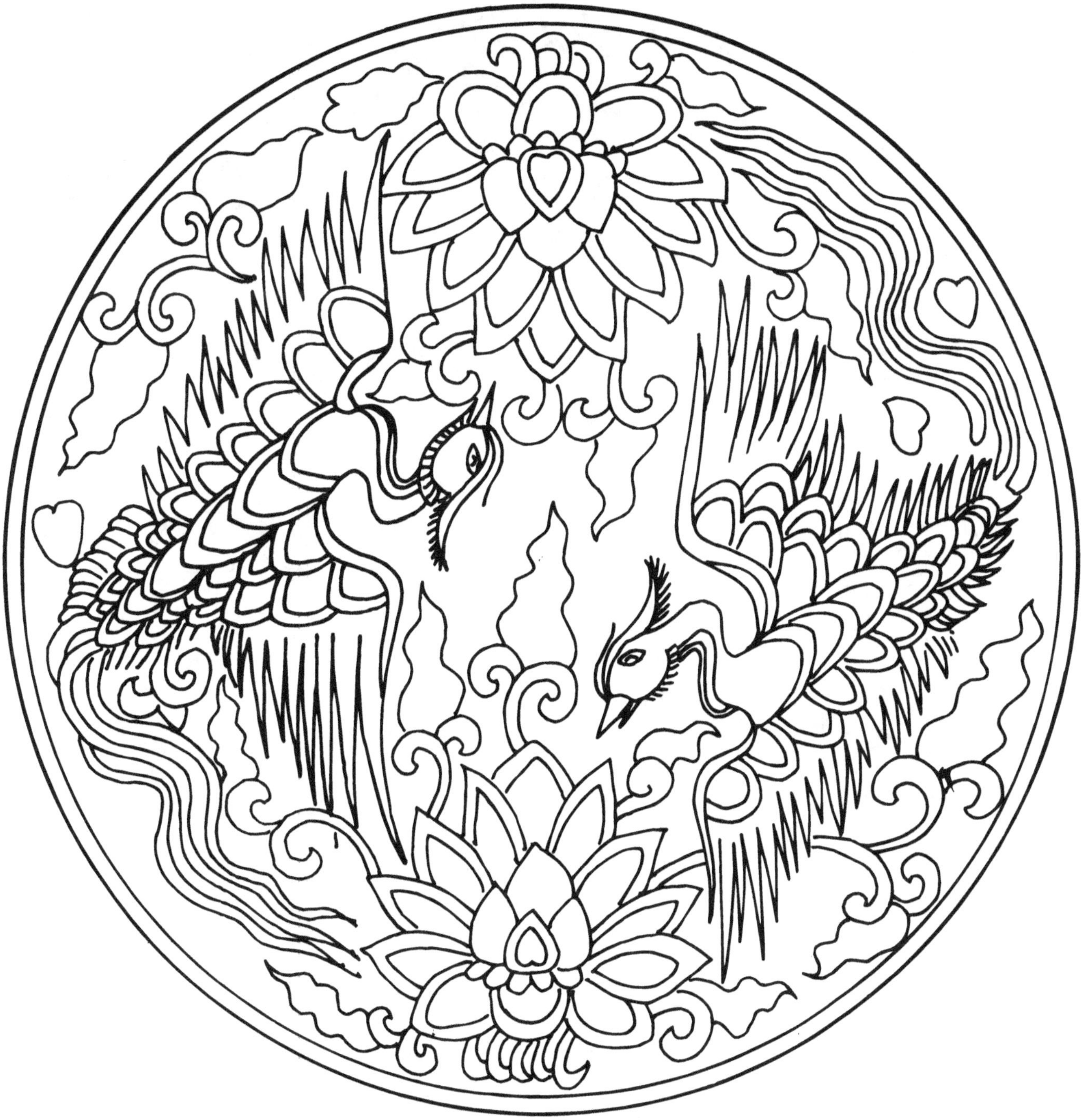

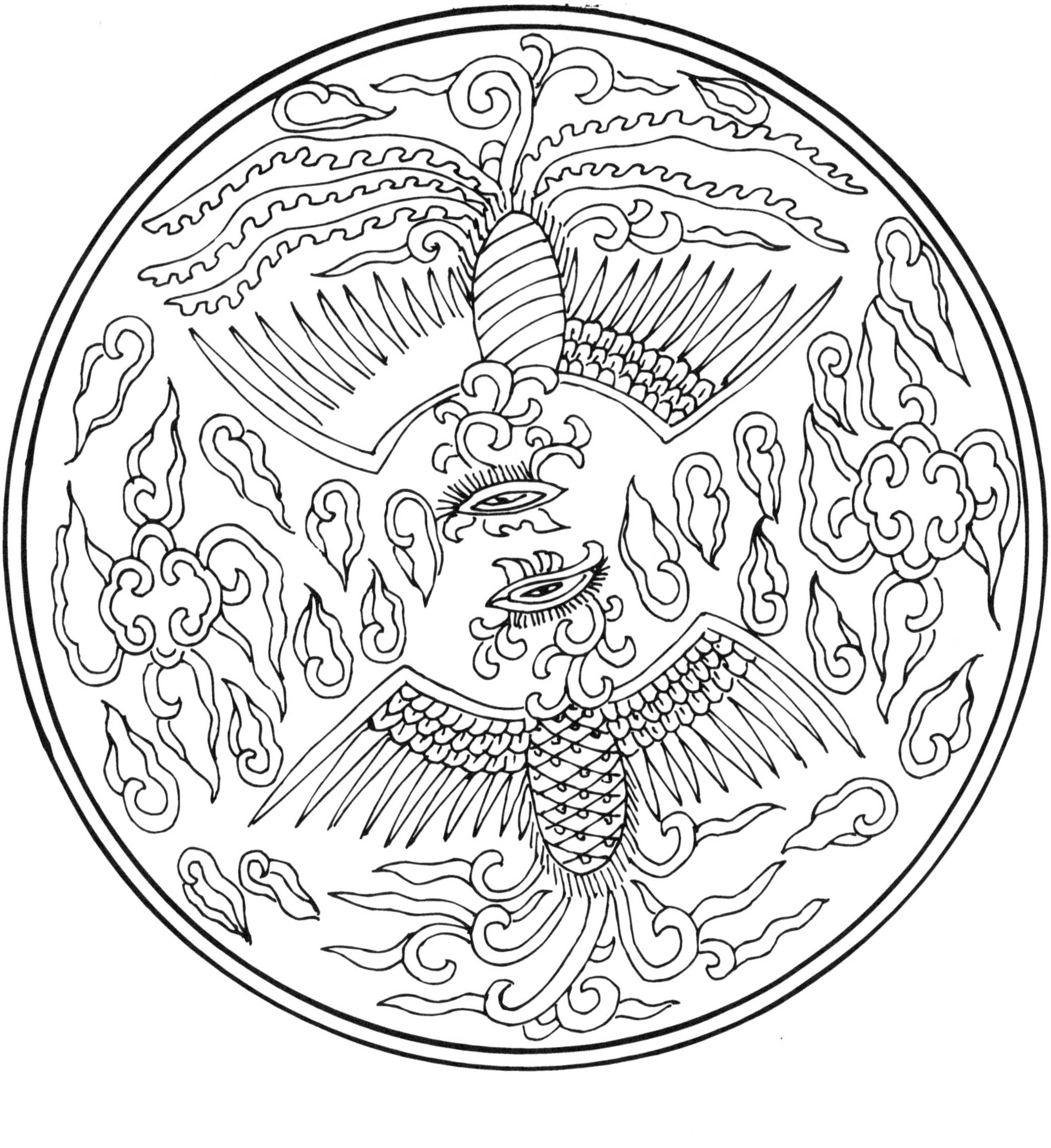

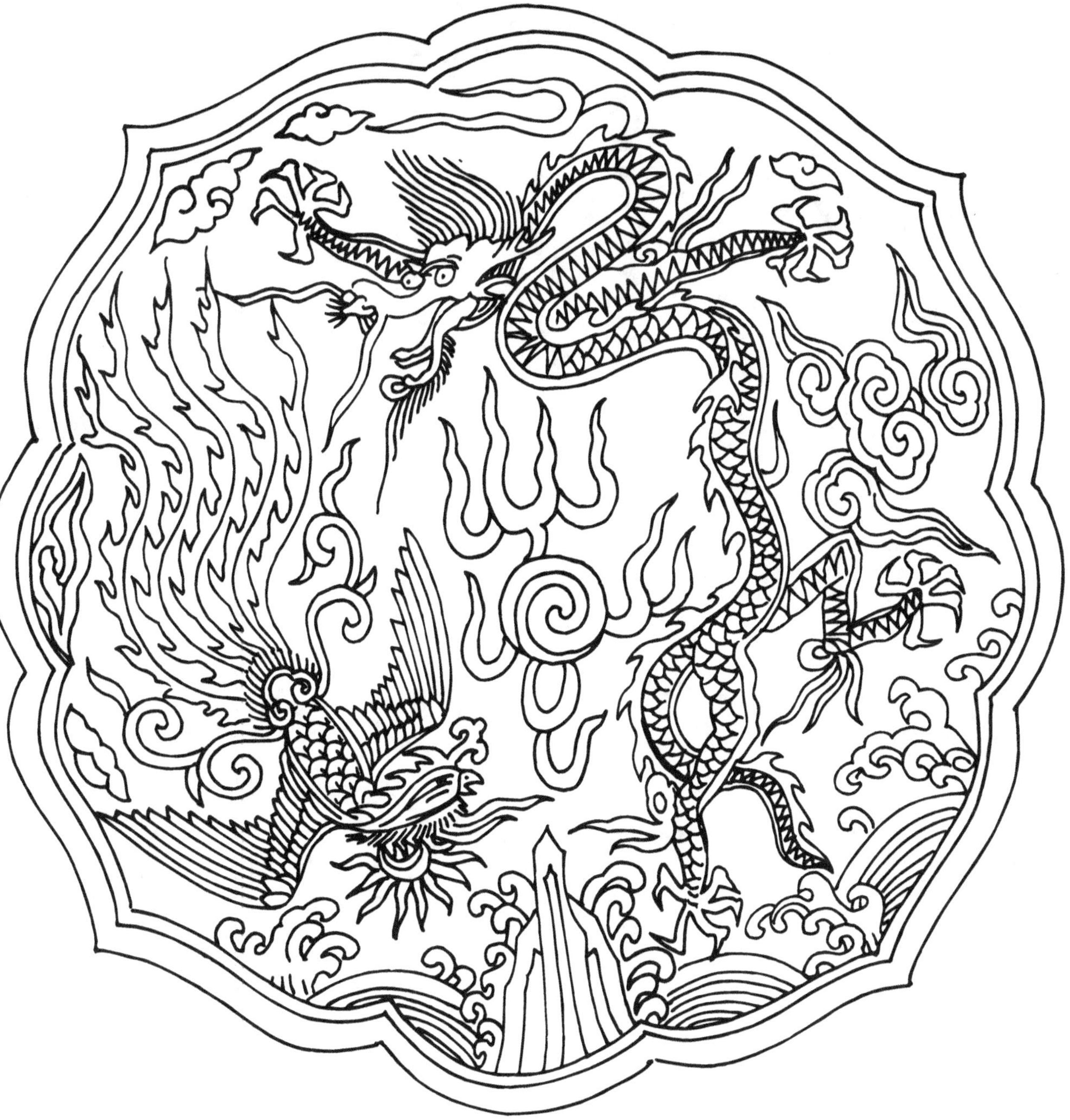

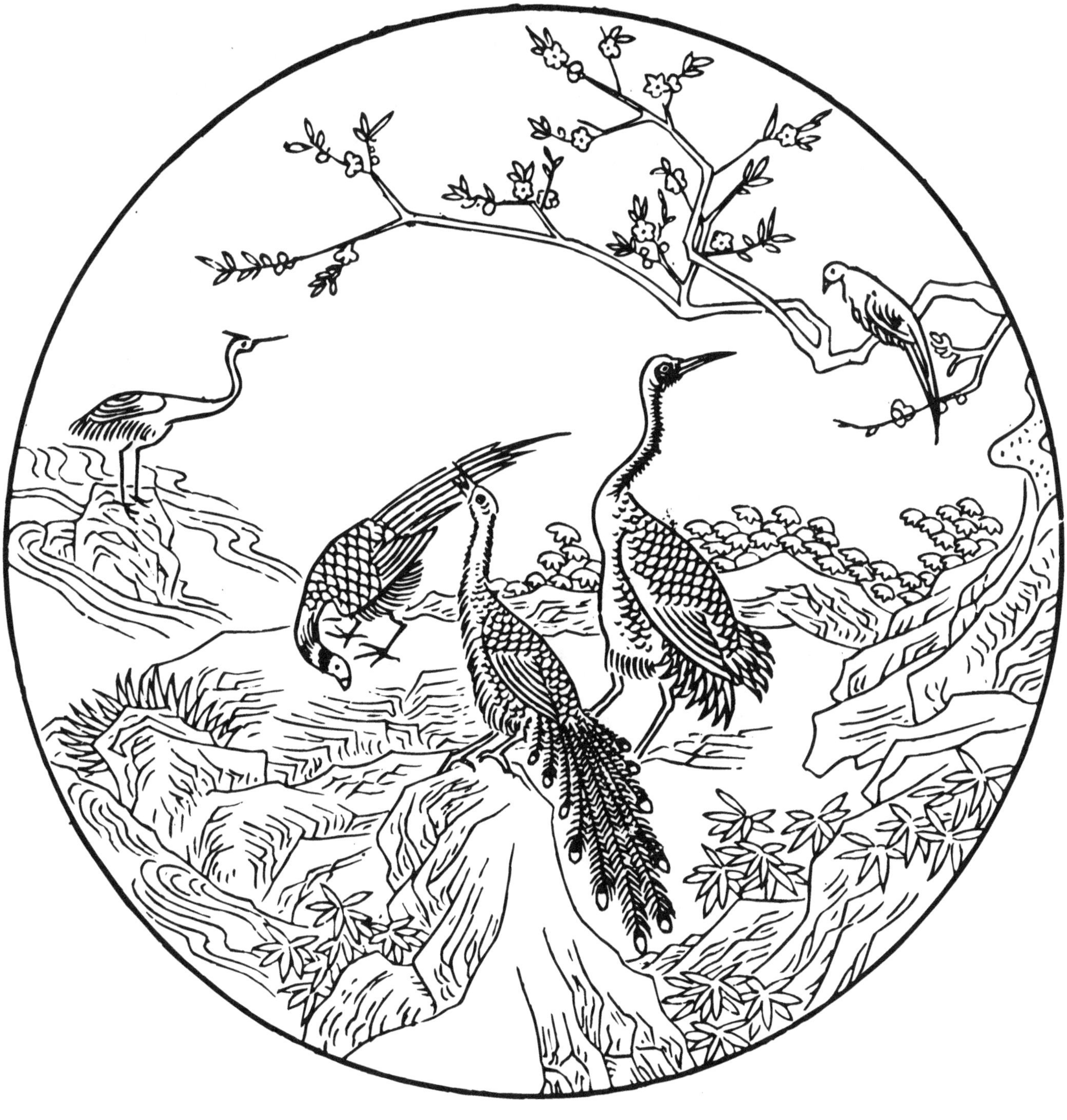

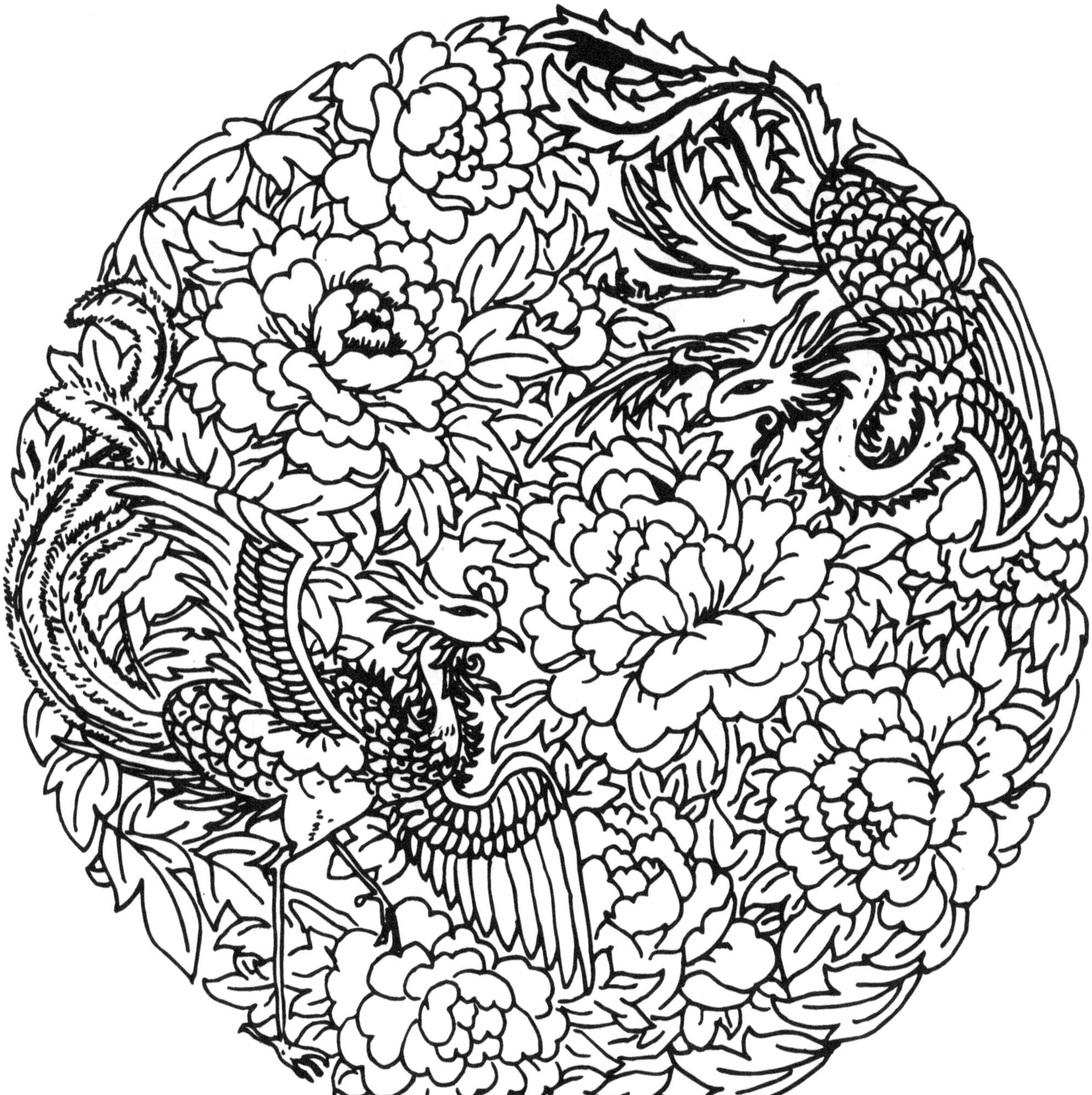

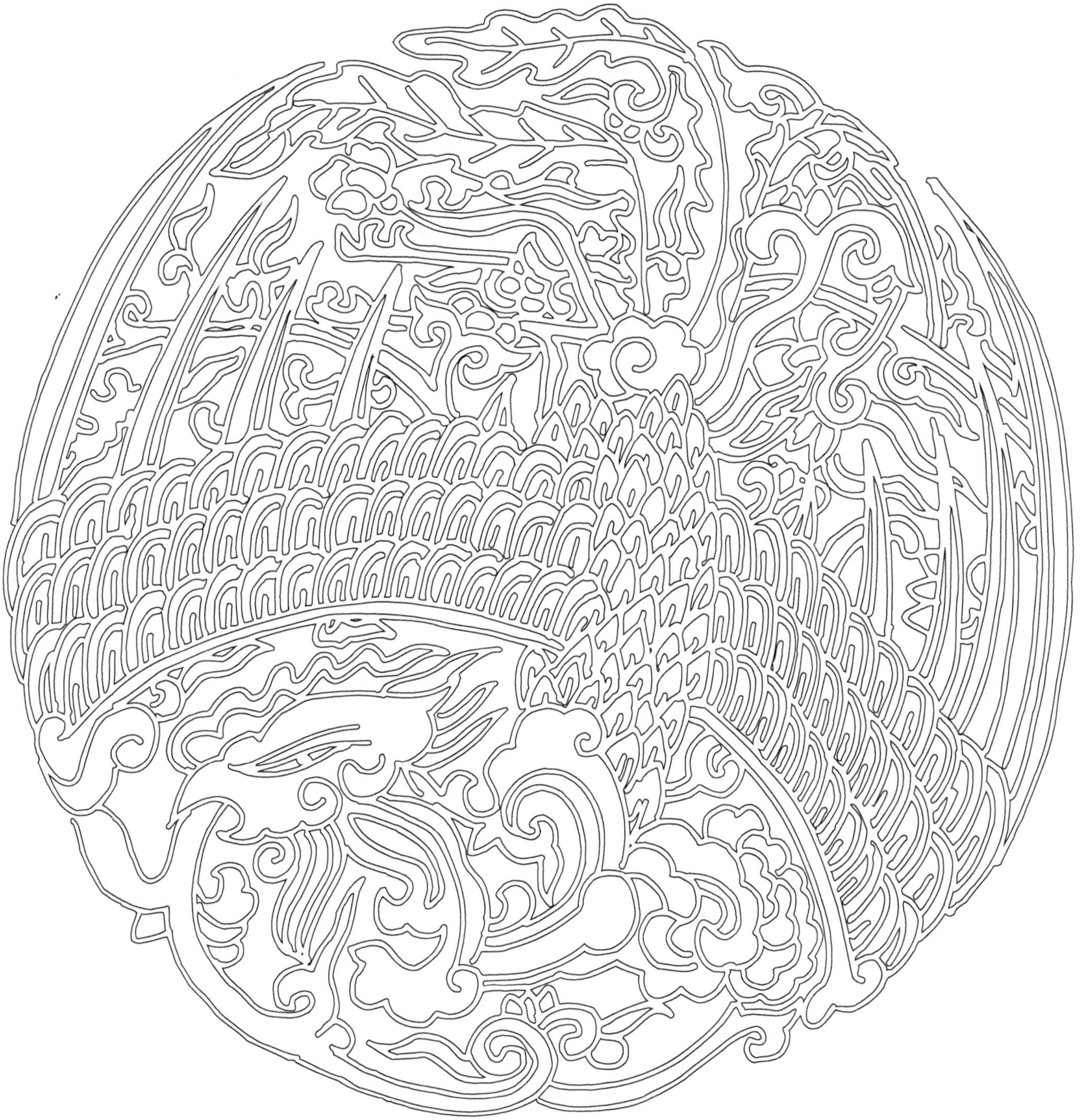

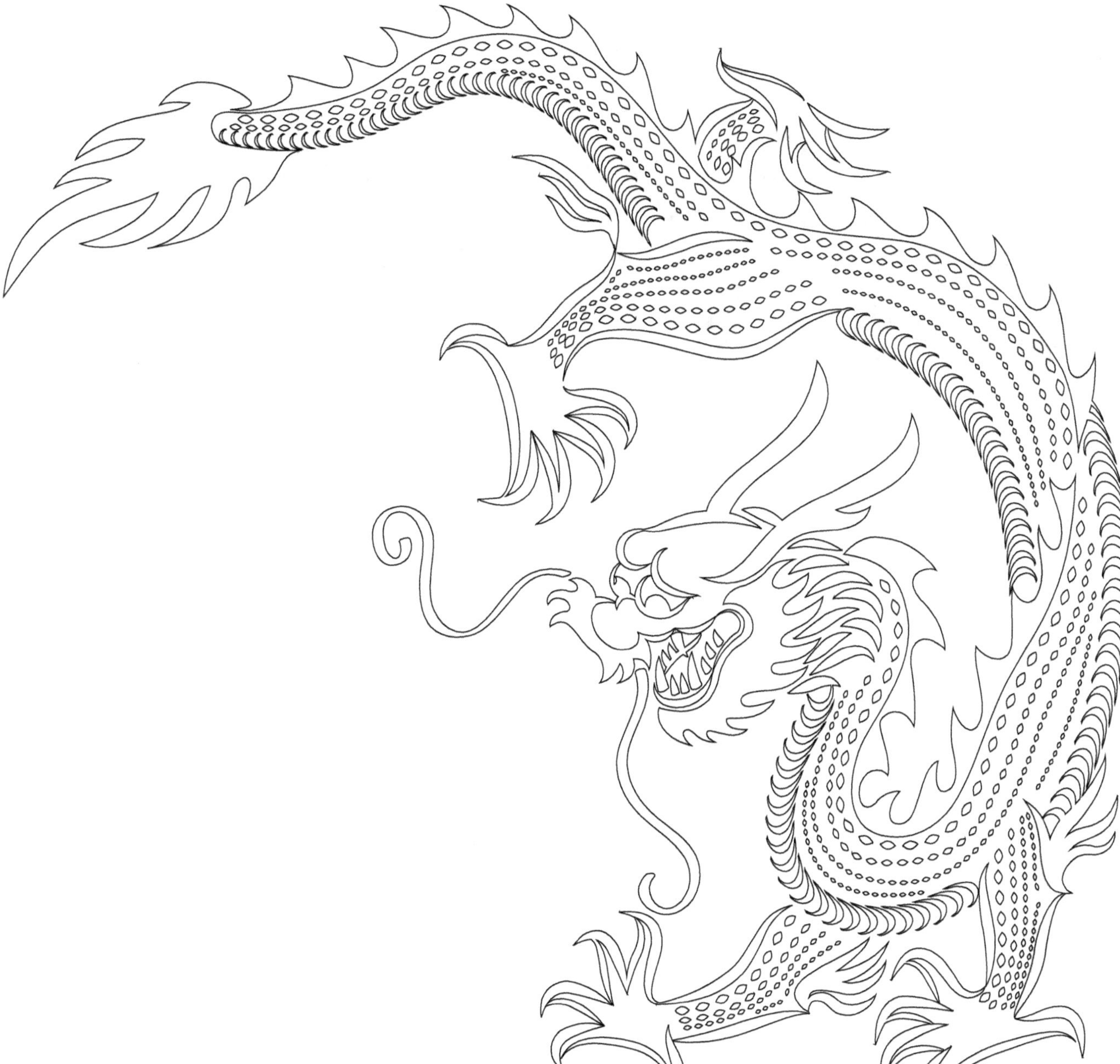

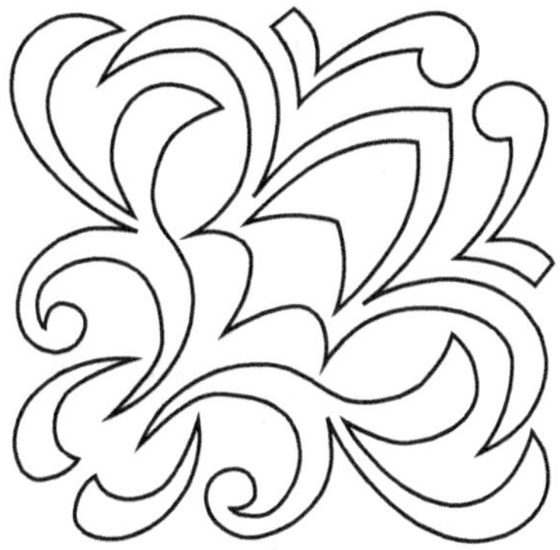
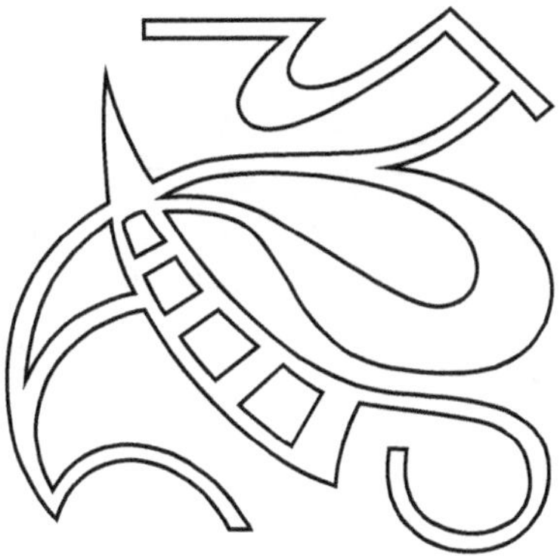
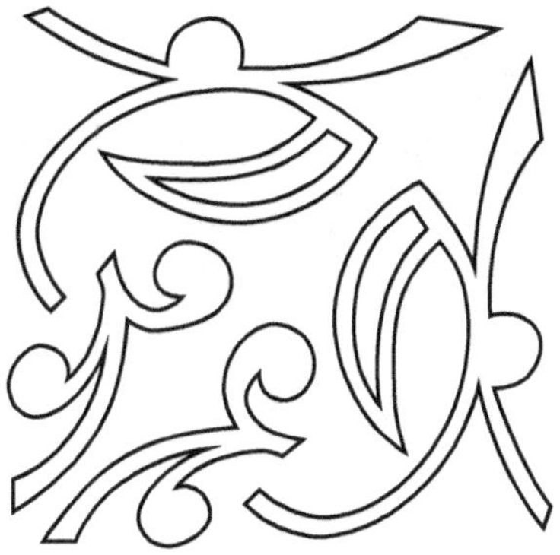
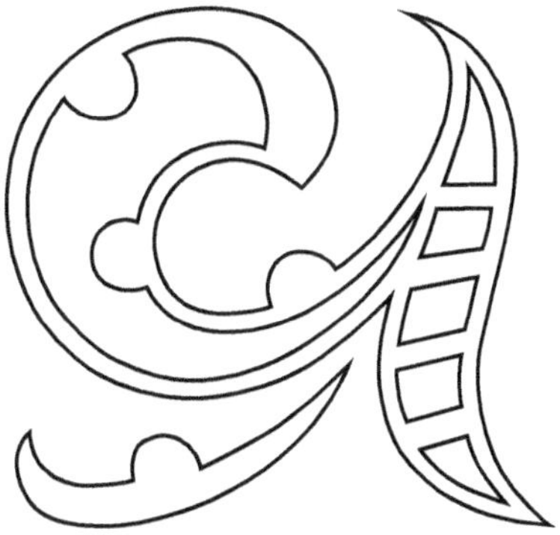
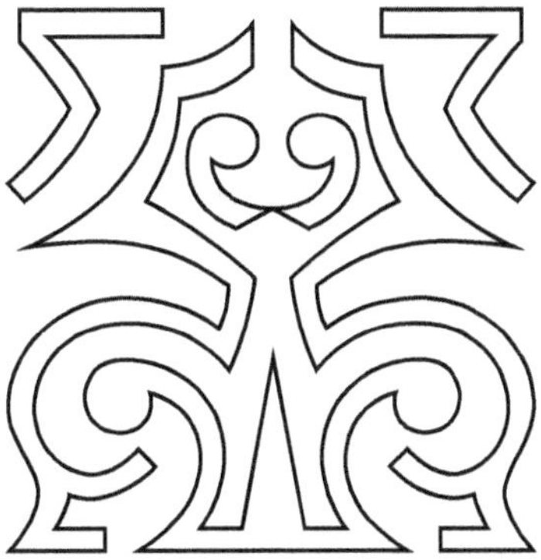
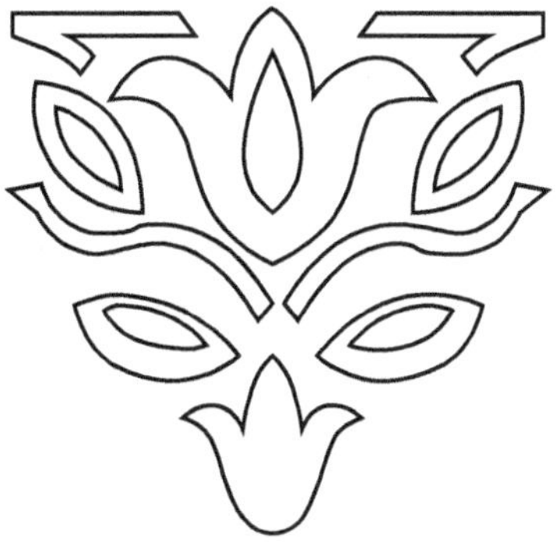
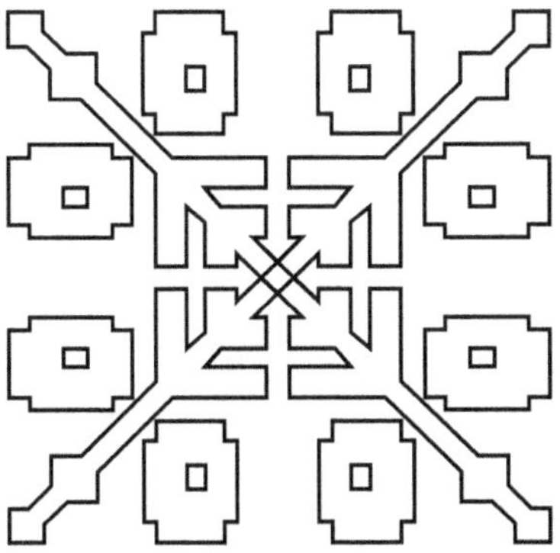
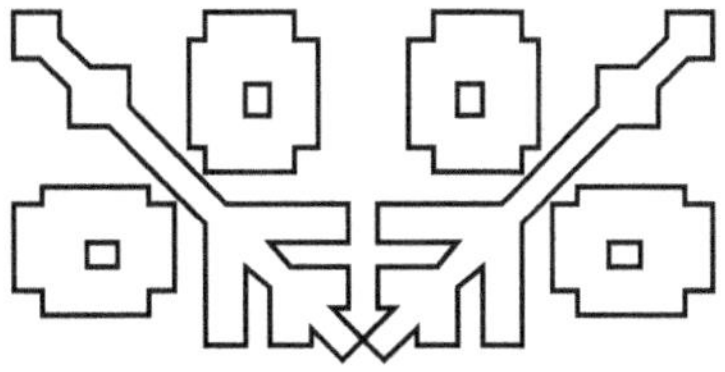

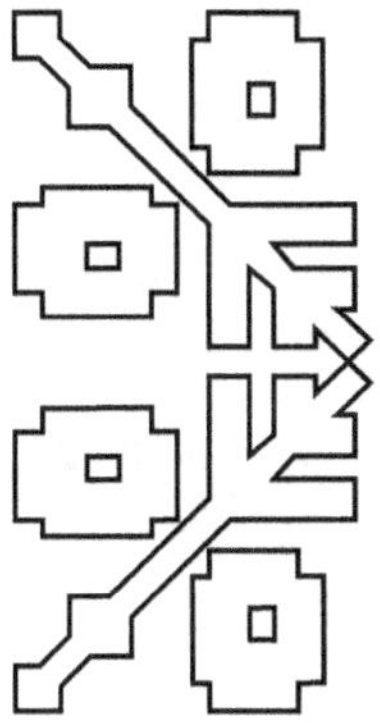

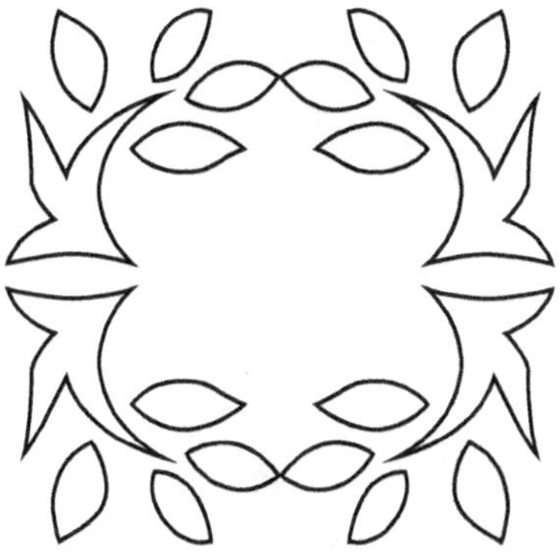
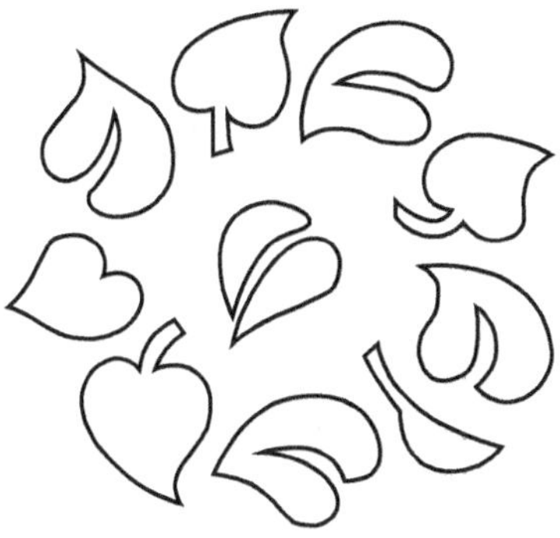
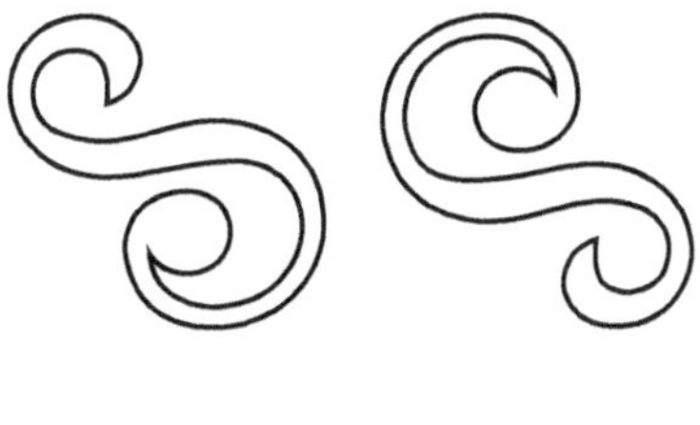

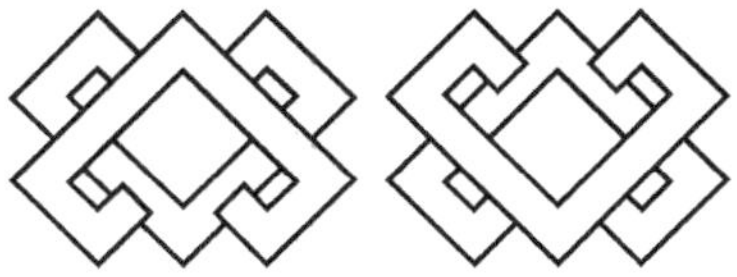
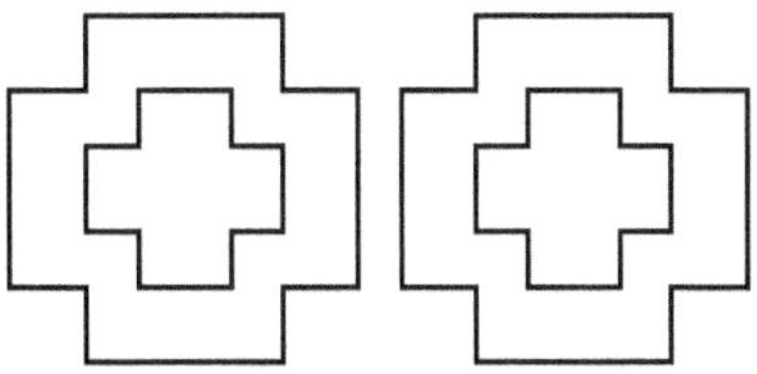

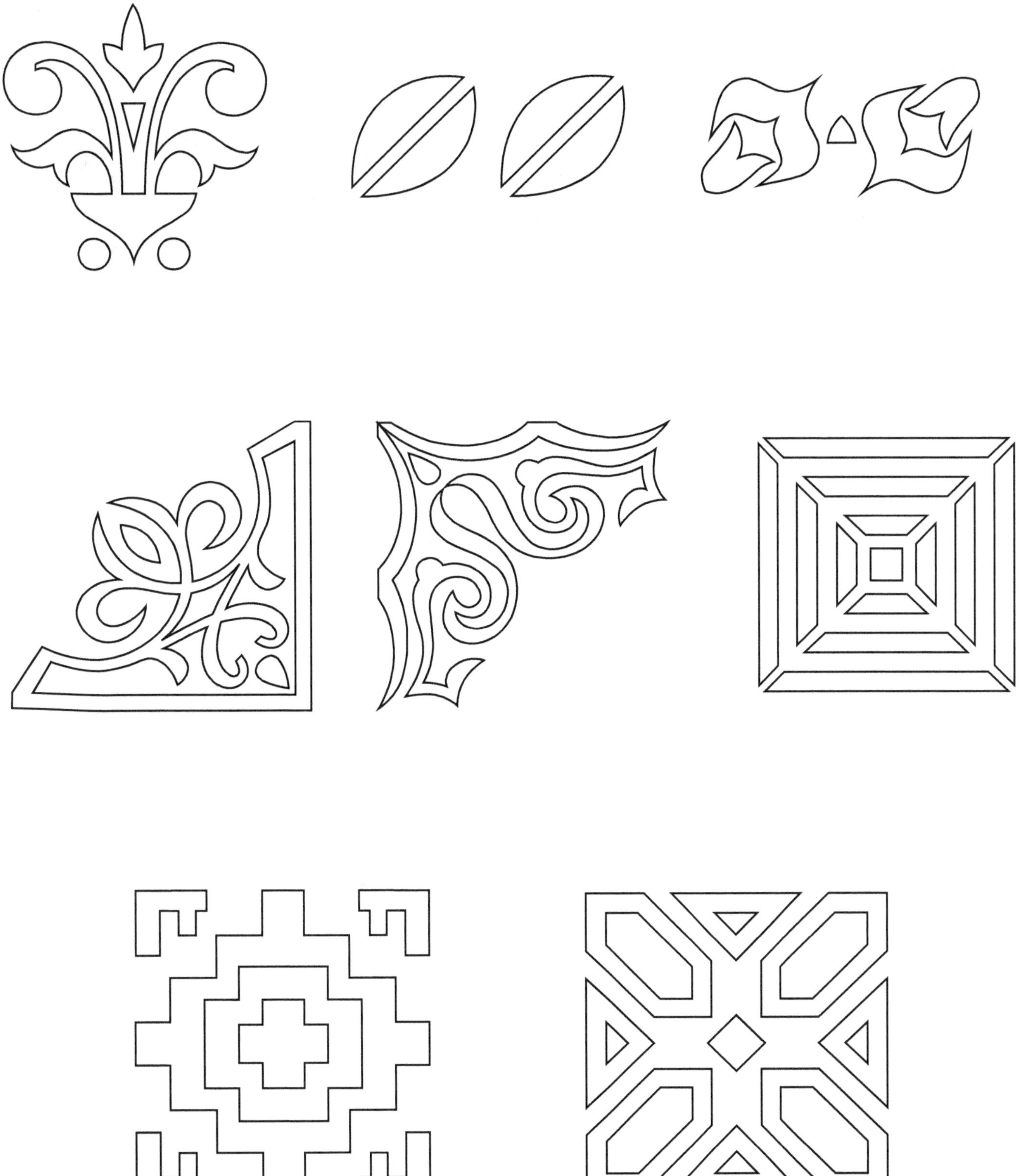

*I hope you can enjoy the Tattoo motifs*

www.ingramcontent.com/pod-product-compliance
Lightning Source LLC
Chambersburg PA
CBHW081515220526
45467CB00010B/2923
* 9 7 9 8 7 1 3 9 1 6 7 0 1 *